"Quando você fala a verdade, todo mundo entende, porque a verdade é simples."

luiz gasparetto

Gasparetto refuta qualquer rótulo quando diz, "quem não se rotula, pode ser nada. E quem é nada, é tudo". Formado em psicologia clínica, especializou-se nos EUA em gestalt terapia. Dedicou-se anos liderando grupos terapêuticos no Esalen Institute, na Califórnia.

Criado no espiritismo kardecista, fundou o Centro de Desenvolvimento Espiritual "Os Caminheiros" e viajou o mundo fazendo apresentações de pintura mediúnica, criando uma revolução nos conceitos materialis-tas da época.

No Brasil, aprofundou seus conhecimentos acerca da natureza metafísica do homem e descobriu as leis do destino, intro-duzindo um novo discurso para compreen-der as razões da vida. Acreditando mais na educação psicológica do que na terapia tradicional, introduziu os conceitos de autoajuda e terapia de grandes grupos por meio da mídia. Com seus cursos e palestras, programas de rádio e TV já ajudou a milhares de pessoas.

Autor de mais de 20 livros, 80 CDs, vários DVDs, administra o Espaço Vida & Consciência em São Paulo, onde ministra cursos de metafísica e terapia instantânea. Sempre acompanhado pelo seu amigo desencarnado Calunga, vive uma eterna busca de renovação e conhecimento e técnicas para melhorar a qualidade de vida das pessoas. Um de seus prazeres inegáveis é mudar a toda hora. Gasparetto gosta, como ninguém, de surpreender sempre!

calunga

Um desencarnado que resolveu interferir no mundo dos aparentemente vivos. Certamente, ele é mais vivo que qualquer um de nós, pelo menos em sua esperteza em observar a vida como bom mineiro que foi quando estava entre nós.

Preto, sem dentes, descalço e sempre vestido de linho bege, ele conserva a aparência de quando viveu na Terra porque, segundo ele, isso lhe dá a humildade de fazê-lo lembrar quem realmente é. Carismático, terno e firme, possui uma sabedoria sobre a natureza humana que surpreende a todos. Consegue com um piscar de olhos tocar o mais profundo de nosso ser. Nem mesmo as pessoas

"Tá' tudo 'bão', minha gente!"

mais fechadas e protegidas conseguem resistir a seu charme e sabedoria. Porta-voz dos espíritos superiores, está sempre a nos mostrar novas formas de lidar com as velhas coisas da vida. Gaba-se de ser o único "defunto" a ter um programa de rádio. Todas as sextas-feiras, às dez horas da manhã, ele fala para uma audiência de milhões de ouvintes na rádio paulistana Mundial FM 95,7. Finalmente, ele tem sido um grande amigo a inspirar-me em meu trabalho e a mentorear-me no meu aprimoramento pessoal. Sou-lhe infinitamente grato.

Luiz Gasparetto

© 2007 Luiz Antonio Gasparetto

Direção de arte: Luiz Antonio Gasparetto
Capa e editoração eletrônica: Kátia Cabello
Revisão: Fernanda Rizzo Sanchez
Transcrição dos programas de rádio: Elizio Marques

1ª edição — 5ª impressão
3.000 exemplares — maio 2021
Tiragem total: 30.000 exemplares

Dados Internacionais de Catalogação na Publicação (CIP)
(Câmara Brasileira do Livro, SP, Brasil)

Calunga (Espírito).
Calunga: verdades do espírito / psicografado
por Luiz Gasparetto . – São Paulo: Centro de
Estudos Vida & Consciência Editora, 2011.

ISBN 978-85-7722-012-0

1. Calunga (Espírito) 2. Espiritismo
3. Psicografia I. Gasparetto. II. Título.

11-10833
CDD-133.93

Índices para catálogo sistemático:
1. Mensagens psicografadas : Espiritismo 133.93

Todos os direitos reservados. Nenhuma parte desta edição pode
ser utilizada ou reproduzida, por qualquer forma ou meio, seja
ele mecânico ou eletrônico, fotocópia, gravação etc., tampouco
apropriada ou estocada em sistema de banco de dados, sem a
expressa autorização da editora (Lei nº 5.988, de 14/12/1973).

Este livro adota as regras do novo acordo ortográfico (2009).

Vida & Consciência Editora e Distribuidora Ltda.
Rua das Oiticicas, 75 – Parque Jabaquara – São Paulo –
SP – Brasil
CEP 04346-090
editora@vidaeconsciencia.com.br
www.vidaeconsciencia.com.br

verdades do espírito

Pureza

"O bom da vida é abrir o coração e sorrir com ele."

Como é importante sorrir com o coração, largar toda a nossa malícia e assumir aquela pureza natural que carregamos no nosso íntimo.

Muita gente não consegue entender esta simplicidade do espírito e pensa que pureza é ignorância, ingenuidade, burrice e até aquela "bobeira" que toma as pessoas simplórias.

Mas não é assim, não, minha gente.

"A **pureza** é a ausência de malícia."

Uma pessoa pode ser muito inteligente, muito esperta, muito culta e entender de muitos e diferentes assuntos, mas o importante é que ela saiba, de verdade, onde está escondida a maldade do mundo, e que também, da mesma forma, consiga enxergar as coisas boas da vida.

Somente depois de aprender a separar o joio do trigo, é possível se tornar pura de espírito, ser muito boa de coração.

E sabem por quê? Porque a pessoa percebe que toda malícia cultivada a pretexto de defesa ou de esperteza, atrai para si a maldade do mundo, as cargas pesadas, os problemas da vida.

Muitas acreditam que a malícia é uma boa defesa, e pensam sempre: "Olha, a gente precisa ser mais maliciosa, mais esperta, não podemos deixar os outros nos fazer de bobos...".

É bem assim que o povo pensa, não?

Pois é, muita gente se adapta ao mundo e, sem perceber, se acostuma a ser maliciosa, maldosa.

Já uma pessoa mais madura – e eu digo até uma pessoa pura – percebe rapidinho a ignorância do mundo, percebe muitas vezes a negatividade dos outros, mas não se influencia, e também não se deixa levar por essas maledicências.

A bondade e a pureza do coração nos dão a leveza de viver, a positividade que cria a prosperidade, e nos libertam da dor e do sofrimento.

Jesus, nos seus ensinamentos mais esclarecedores, falou que temos que ser puros, espontâneos e verdadeiros como uma criança, ainda livre do mundanismo. Livre do mundanismo, não é? Pois é, as crianças, quanto mais convivem com as pessoas adultas, já muito maliciosas, cheias de medo de viver, acabam também se pervertendo, contaminando-se e crescendo cheias de deformações. Vocês todas já conhecem esta roda que engole todo mundo.

Então, minhas filhas e meus amigos, se vocês quiserem, a partir de hoje, fazer uma coisa muito boa para vocês, se quiserem ver a solução dos seus problemas e angústias, procurem viver na pureza do seu coração.

"A pureza é a disposição, é a boa vontade no **Bem**. É o **remédio que cura** todas as dores e aflições."

O estado de pureza é primitivo e natural do ser humano e faz brotar espontaneamente do nosso coração a ponderação do bom senso, deixando que a visão da Verdade se amplie e se esclareça em nós.

A pureza é escolher o pensamento limpo, sem negatividades, onde o medo não tem nem espaço nem ação sobre ninguém.

Todos sabemos que a maldade do mundo está sempre nos rondando, principalmente a partir dos falsos cuidados dos nossos pais que colocam muita malícia no nosso coração ainda infantil, pensando estar nos fazendo um grande Bem ou nos protegendo dos outros. Eles acham que não podemos ser bobos, que não podemos cair nas armadilhas do mundo, que não podemos ser enganados, e acabam nos ensinando a ter os "olhos bem abertos" e a ser desconfiados, sob o pretexto de nos defendermos da maldade alheia.

Mas estes ensinamentos acabam por plantar a semente do mal dentro de nós e, desde cedo, vamos nos cercando de todas as negatividades da vida. Criamos em nós uma armadura de medos e defesas.

Se vocês têm a pureza de coração, aquela coisa boa dentro de si de que tanto falo, esta postura certamente não é de fragilidade nem de exposição, e não impedirá que vocês percebam claramente a malícia e a maldade dos outros.

Se vocês estão firmes nas suas convicções, se estão certas da sua pureza e não dão nem força nem confiança para estas energias, sabem o que acontecerá na sua vida?

Vocês estarão fortalecidas! Deus defende!

A vida defende e protege, porque a pureza sempre atrai o Bem e ninguém consegue fazer nenhum mal contra quem está sintonizado com o melhor. Todas as forças que vocês acionam e atraem com a sua pureza as desviam de qualquer mal.

Então, minha gente, vou dizer mais uma verdade a vocês: eu conheço por aí, encarnada, gente com muito dinheiro, gente cheia de sucesso e de responsabilidade, que ainda é pura. Tem muita gente próspera, feliz e livre no mundo, que sabe conservar o coração na mais absoluta pureza. Estas pessoas sabem das fraquezas humanas, conhecem todos os problemas que afligem o mundo, mas estão sempre com seus corações voltados para o Bem. E é esta bondade, esta pureza de sentimentos que faz delas pessoas de sucesso e realizações.

Eu sei que muitas de vocês tentam ficar no Bem, mas sei também que basta um tropeço qualquer, uma pequena desilusão ou uma contrariedade, para que se contaminem e se desviem. É um medo de cá, é uma bobagem de lá, são fofocas, maledicências e "diz-que-diz" de amigos e de familiares.

Vocês estão cansadas de saber que o que cria mais problemas nas suas vidas é a malícia reinante entre uns e outros, e sempre acabam cedendo como se fossem principiantes e ignorantes no assunto.

Infelizmente, são muitos os viciados em fazer e espalhar maldades pelo mundo. Por esse motivo, eu sempre falo: "Cuidado, muito cuidado!".

"Quando a pessoa é pura, **sempre** procura a **honestidade**."

Compreendam definitivamente que toda pessoa pura procura plantar a sinceridade, e sempre colherá forças espirituais e morais muito grandes. Estas forças atraem energias astrais benéficas que impulsionam a vida.

Tudo vai muito bem para quem escolhe a pureza de sentimentos e de atitudes.

Agora, aquela pessoa que tem medo "disso e daquilo" é também muito perigosa e maliciosa, e é capaz de ser desonesta a pretexto de se defender. Ela começa a armar uma porção de "truques", a tecer encrencas e arranjar muita confusão com o mundo e com todos os que a cercam.

Pois é, este mundo está cheio dessas confusões.

Fiquem muito atentas com suas atitudes, pois se vocês se igualarem a este povo, vão perder a força e proteção, e vão acabar escorregando nas suas próprias armadilhas, atraindo insegurança, pessoas maliciosas e energias pesadas.

Vai ser uma aflição só!

No universo feminino, há mulheres que foram criadas com os pais muito "em cima" delas, com muita vigilância e controle. Muitas famílias sempre foram temerosas com o fantasma da "vergonha" de eventuais relações sexuais de suas filhas fora do casamento (consideradas muito imorais), e até de uma gravidez indesejável. Estas meninas cresceram, então, com muita malícia, com uma visão distorcida do sexo e do prazer. Para elas, ficou a mensagem de que tudo é feio, restou a ideia de que o prazer é imoral, que qualquer alegria é perversão, e que se elas não forem muito honestas e sérias, estarão em pecado, não serão puras nem decentes.

Essas mulheres, coitadas, cresceram reprimidas e se transformaram naquelas "bananas" dominadas por qualquer um. Têm dificuldades nas suas relações íntimas, têm problemas sexuais e de libido, não sabem comunicar-se com o mundo, não conseguem crescer com independência, e resta-lhes a impressão de que são menores, indefesas, de que nada podem, e de que tudo no mundo é muito perigoso.

As impressões que foram adquiridas na família fazem com que se sintam pequenas, diminuídas e medrosas. Quando têm de enfrentar a vida pessoal, com o marido e os filhos, ou a vida profissional – seja lá onde for – sentem-se muito inseguras e enfraquecidas. É a triste perpetuação da horrorosa dependência que as mulheres ainda cultivam, porque foram "maliciadas" dentro de casa.

E o pior é que quem vive na malícia atrai mais sofrimentos, doenças, complicações emocionais e desordens mentais. A vida pessoal e familiar é sempre aquele inferno já conhecido, e todos passam por esta encarnação no sacrifício.

Infelizmente, são poucas as que conseguem se safar dessa educação.

Mas, por outro lado, sempre é tempo de aprender um pouquinho mais, sempre é possível encontrar novos caminhos a serem percorridos.

Mesmo que ainda sejam poucas as que se safam dessa educação, essas poucas e espertas, quando vão ficando mais maduras, dizem:

– "Deus que me perdoe pelo modo como fui criada, pelas besteiras que puseram na minha cabeça. Mas elas não vão ficar aqui dentro de mim, não! Vou me assumir, vou seguir por esse mundo afora, porque não há diferença nenhuma entre homem e mulher, não! O que o homem faz, eu faço também. O que qualquer um faz, eu faço também, o resto é bobagem.

Vou tocar minha vida para a frente, criar minha família, crescer profissionalmente, e não vou mais guardar dentro de mim essa ignorância e essa desculpa!

Eu sou honesta e direita sim, mas do meu jeito, não do jeito do mundo. Eu sou livre, eu sou só minha!

Eu quero mais é tirar de mim esse medo de viver, quero aproveitar a minha encarnação, pois está tudo aqui a minha disposição para eu viver bem".

Pois é, minha gente, esse amor dos pais, essa superproteção, às vezes nem é amor, não. É só vaidade deles. É só orgulho da família.

Então, minhas filhas, vocês têm que reagir por dentro, de verdade. Não adianta querer que o povo lhes compreendam, deem-lhes apoio. Vocês precisam, sim, apoiar-se e garantir-se sozinhas, precisam tirar toda a malícia de dentro de vocês e se tornar mulheres livres.

Seres humanos livres!

E não importa também o sexo, seja você mulher ou homem, isto aqui vale para todo mundo. Vocês são todos seres humanos, de espírito livre, capazes de serem adultos e maduros.

"Levem a vida para onde o seu espírito quer ir.

Satisfaçam suas necessidades nesta encarnação.

E não esperem nada de ninguém,
nem da família, nem do marido ou da mulher, nem dos filhos, **de ninguém mesmo**."

Eu vivo falando mais para as mulheres, porque tanto as mulheres de hoje como as de antigamente, sofrem e sofreram demais. Há nelas muito sofrimento interior, muito orgulho ferido, porque são muito pisadas, desde pequenas. E quando reagem para mudar de vida, a coisa fica pior, porque deparam com muita exigência e muito preconceito sobre todas elas. É complicado, não? As mulheres são criadas como "pamonhas", indefesas, mas, por outro lado, todo mundo exige que elas sejam fortes, mães dedicadas, esposas disponíveis, educadoras brilhantes, profissionais competentes. Por tudo isso elas não conseguem se situar na vida sem antes sentir muito conflito e muita dor interior.

Então, minhas filhas, se vocês são uma dessas muitas mulheres criadas para serem fortes, apesar de toda a malícia que enfiaram na sua cabeça, é hora de começar a entender que vocês precisam muito de si mesmas, e que somente sozinhas e aliadas com a sua força interior conseguirão se libertar.

"Tenham a certeza de que quem ativa a **sua força interior** são só vocês, e **Deus** não desampara quem crê nas suas **potencialidades**."

Quem se garante e se ampara, Deus garante e ampara também.

É preciso apenas descobrir o que é realmente bom para si mesmas e que tipo de relação vocês estabelecerão com o seu espírito, para seguir tranquilamente na vida.

Mas muita atenção com as ciladas da vida. Muitas vezes vocês ficam aceitando ordens e vontades dos seus maridos, numa relação que é uma verdadeira afronta, uma invasão, e levando uma vida, dentro de casa, que é pior do que a vida das prostitutas. É uma relação de total deploração.

Entendam que a verdadeira falta de dignidade é se rebaixar *no* e *ao* mundo, perdendo a real identidade e se distanciando da espiritualidade.

Na vida, sejam homens ou mulheres, todos têm de depender apenas de Deus. Ele é o único que pode nos garantir o amanhã. É claro que aceitamos cooperações e trocas com os outros, mas isso não é dependência, de jeito nenhum, é apenas vida participativa.

Mas na hora em que mais precisarmos, nós é que teremos de estar presentes e fortes e nos garantirmos para o que "der e vier".

"**Somos todos livres** para nos presentearmos com a nossa própria liberdade."

Com consciência e maturidade, poderemos agir do nosso jeito individual e natural, e não do jeito que o povo espera e quer, do jeito que os nossos companheiros ou filhos sonham que sejamos.

Vamos ser do jeito que Deus quer, do jeito que Ele nos fez. Isso é vestir a nossa essência, isto é o Ser Verdadeira.

Vamos nos esquecer daquela educação cheia de vícios, sem mágoas no coração. Vamos pensar que aquilo tudo foi fruto de ignorância, mas que nós temos muita força para nos libertar de toda aquela maldade, de toda aquela maledicência que tentaram colocar nas nossas cabeças.

Vamos, então, exercitando as coisas mais simples, dando-nos o direito de pensar que a nossa sexualidade só diz respeito a nós mesmos, como pessoas com sentimentos, vontades e desejos individuais.

Vamos prestar contas apenas à nossa natureza, sem dar satisfações a ninguém; pensem o que quiserem de nós ou reajam de qualquer forma às nossas atitudes.

"A nossa relação é com a **vida** e com Deus. Somente **Ele nos garante**."

O mundo apenas nos assiste e nos aprova ou reprova, e isso não importa.

Não é necessário trair Deus em nós.

Esta é a verdadeira atitude de libertação, esta é a verdadeira emancipação das coisas do mundo. O que acontece fora de nós, fora do nosso espírito, não interessa e não tem valor nenhum. Apenas o que acontece no nosso interior é que conta.

"'Sem medo de viver', este é **o segredo da vida**."

Quando não tivermos mais medo de viver, saberemos que estamos emancipados e libertos das malícias, e que finalmente nos colocamos ao lado da Natureza, ao lado de Deus. Este é o estado de pureza, o modo mais simples que Deus traçou a nossa história, e o resto, que se dane. Se Deus está conosco, nós estamos com a Verdade, e tudo o que fica do lado de fora é a malvadeza do mundo externo.

Então, minha gente, vamos acabar com esse sofrimento de uma vez por todas e assumir a nossa liberdade diante de nós mesmos, porque não devemos nada à lei terrena, à família, aos amigos, e a ninguém. Devemos apenas ao nosso coração, nosso espírito e nossa Natureza.

Vocês sabem que eu gosto muito de aproveitar estas ocasiões para mandar recados às mulheres. Eu as respeito muito, pois sei que é sempre por meio da educação e dos cuidados delas que todos recebem a maioria dos valores, sejam bons ou ruins.

Por tudo isso, eu digo a elas que é preciso pensar de modo diferente, adulto e maduro, e mostrar a todos que a Verdade está muito distante dessa visão preconceituosa que impera no mundo. Só pelas mudanças das atitudes das mulheres é que a malícia no mundo vai começar a acabar.

"**Mulheres puras** criam **filhos puros**. Mulheres maliciosas criam filhos maliciosos."

É da educação maliciosa e preconceituosa que nascem os homens cheios de medos e conflitos. É claro que é preciso alertar os filhos, mostrar a eles as coisas perigosas da vida, até para que eles se defendam e sigam um caminho mais decente. Mas não é preciso criá-los no medo ou no preconceito.

Ensinem aos seus filhos o conceito da maldade por meio do desenvolvimento da compaixão. Oriente-os que é pelo discernimento que se compreende que, se há maldade no coração de alguém, é porque esse alguém certamente vive no sofrimento e optou por se aliar aos maus pensamentos.

Mas mostrem sempre que o Bem é a maior defesa contra qualquer desatino. Ensinem a eles que insegurança é encarar a vida negativamente, e que harmonia é sentir a beleza de viver.

Ensinem seus filhos a serem corajosos, a saberem enfrentar a vida sem nenhum receio, com muita confiança em si próprios e muita confiança na ajuda divina. Este é o caminho da dignidade e da aliança com as forças espirituais.

Agora, para finalizar, muita atenção para o principal: isso tudo só pode acontecer de verdade após vocês se purificarem por dentro. Só após vocês ativarem suas Forças interiores é que poderão ensinar a Verdade da vida a quem quer que seja.

"A **purific**ação é a libert**ação** que você se dá."

POEMA DE
PAZ E **PURIFICAÇÃO**

"Paz e pureza no coração é o que conta.

Paz, para mandar de volta para o mundo exterior toda ideia de desgraça, de proibição contra o sexo, contra as raças, contra as diferenças, contra a liberdade, contra o coração, contra a própria Natureza e o seu jeito de criar.

Neste instante, não quero medo nem pavor de nada.

Tudo se faz se for 'Eu com Deus'!

'Eu com Deus', é a pílula que dissolve qualquer problema.

'Eu com Deus', é a chave de qualquer porta, é a seta que orienta em cada encruzilhada.

'Eu com Deus', é a possibilidade em cada momento.

'Eu com Deus', é o sucesso em cada chance.

'Eu com Deus', é o auxílio que me leva além da curva do caminho, na conquista das minhas necessidades.

'Eu com Deus', é a pureza no coração, é deixar que minha alma brilhe com expressão, é encontrar a felicidade e a realização.

'Eu com Deus', tudo resolve, porque Deus só me recebe se eu for puro.

Portanto, nesta resolução eu mudei, mudei onde precisava começar a mudança:

No meu coração, numa nova atitude.

Agora sustento esta atitude, purificando-me a cada dia.

Decidi pelo Bem.

Decidi pensar no melhor.

Decidi ficar com aquilo que é simples, mas grandioso.

Decidi por mim.

Decidi que não tenho que me limitar na limitação do outro.

Decidi não sofrer no sofrimento do outro.

Decidi não me preocupar com a preocupação do outro.

Decidi não ficar ansioso pela ansiedade do outro.

Decidi não ficar triste pela tristeza do outro.

Decidi não ficar frustrado pela frustração do outro.

Decidi que basta a minha vida.

Porque assim a Natureza me decidiu.

Não estou aqui para a desgraça, estou aqui para a felicidade e para a conquista.

Assino hoje a minha carta de libertação.

Fico mesmo em paz.

Fico na paz e na pureza do meu coração."

O BEM FAZ BEM

"...Ah! Como é bom a gente ser bom, não é verdade?

Meu Deus do céu, não tem nada 'melhor' do que a gente ser bom, porque quando a gente é bom, dá um calorzinho no peito, dá um bem-estar danado na mente."

E a gente é responsável por esse bem-estar, por criar o pensamento bom só com coisas boas, por ir disciplinando a nossa mente no positivo. É tão gostoso fazer as coisas com amor! Tudo com muito amor, com jeito, sem brigar com a vida.

Tudo tem jeito nesta vida. Quando a gente acredita no Bem, no bom, sabemos que as coisas vão ficando mais fáceis. A vida calmamente vai dando um jeitinho para tudo. Deus ajuda e os desacertos vão se ajustando.

Então, eu agora estou convidando vocês para ficarem no "Bem Bom". Vamos ficar neste "Bem Bom", só porque é bom, e porque é fácil demais alcançar essa alegria de vida. Vocês não precisam nem procurar motivos e muito menos procurar com quem repartirão esses momentos.

Como é, vocês acham que não é tão "facinho" assim?

Na verdade, para vocês criarem o clima do "Bem Bom" é muito "facinho", o difícil é permanecerem nele, pois as suas cabeças gostam de entrar em muita encrenca. Vira e mexe, lá vêm elas com um pensamento: "Ah, se eu ficar no "Bem Bom" o povo vai abusar de mim, vou bancar a tonta. Eu não posso me desarmar, pois a vida é luta e todo mundo é de morte...".

Mas eu pergunto: "Que Bem é este que vocês entraram?". Tem tantos tipos de Bem, que às vezes vocês não sabem o que é de fato o Bem, e ficam divagando:

– "Eu queria ficar Bem, Calunga, mas não sei entender o que é Bem. Às vezes eu sou tão boa e acabo levando tanta coisa ruim dos outros ou da vida. Eu acho que ainda não consigo entender de fato esta coisa de Bem".

É simples, minha gente. O Bem é tudo aquilo que faz vocês se sentirem em paz. É tudo aquilo que faz vocês ficarem gostosas, molinhas, quentinhas, felizes, contentes. O Bem as faz seguras, certas, limpas, justas e leves. O Bem cria todas essas sensações boas nas pessoas que entram em contato real e sincero com ele.

Os pensamentos que não nos fazem sentir assim, são apenas aquelas coisas que nós aprendemos com a cabeça, e não com o coração.

"São aquelas bobagens que achamos que 'precisamos' fazer, mas que não as 'sentimos' com **a alma**. São aquelas atitudes que o povo ensina, que todo mundo espera de nós, mas na hora que a gente as faz, não nos sentimos bem."

– "Pois é, Calunga, não está dando certo não, eu estou sendo boa, mas não me sinto bem. Fui até num Centro Espírita e me disseram que eu precisava fazer caridade para ser boa. Aí, comecei a fazer caridade e o povo passou a abusar de mim, então fiquei pior ainda; estou tão mal..."

Uai! Eu acho que o problema todo é entender o que é bom, não é? Eu acho que vocês não estão compreendendo nada ainda. O povo fala muito, que "isso" assim é certo, e que "aquilo", acolá, de outro jeito é errado. Mas ninguém entendeu nada, não!

Ainda mais agora, com tanta mudança na sociedade, com tantos valores novos. Tudo isso tende a deixar o povo mais confuso.

Mas vou lhes dizer uma coisa bem simples, porque para sair da confusão mental, é só com uma coisinha bem simples mesmo:

"O Bem é o que faz a gente se sentir em paz
com todo o mundo, mesmo com aqueles que têm muita ruindade no coração, com aqueles que têm muita fraqueza de espírito".

Que existe muita gente ruim, isso existe mesmo. A gente percebe a toda hora a malvadeza dos outros. Mas não nos importemos, não entremos nessa energia e não pensemos mal de ninguém.

– "Ah, mas fulana é muito desonesta e tentou me enganar."

Não importa, não. É só porque a tal fulana é muito ignorante. Mas vocês que estão evoluindo no espírito não são mais nem ignorantes nem bobas para deixarem ser enganadas. Não são mais bobas, não. Ou ainda estão deitadas na ilusão e se deixam levar pela conversa mole dos outros? Tudo é apenas a escolha de cada um, não é?

O importante é não pensarmos mal de quem está na ignorância, apenas para não ficarmos na mesma energia. Ficar no Bem é uma escolha pessoal. Nós somos os responsáveis pelo nosso bem-estar, nós escolhemos viver Bem, sem aborrecimentos na cabeça, sem maldade, só na paz. Brigar com o mundo não adianta nada. Querer consertar o mundo é uma luta sem sucesso, cuidar dos outros para tentar mudar a vida deles é impossível, até pelas nossas limitações naturais.

> "Agora, para mudar
> a nossa própria vida,
> nós não temos limitação
> nenhuma, não.
> **Nós podemos mudar
> tudo dentro de nós.**"

É muito importante também a gente não guardar mágoas desse povo ainda atrasado. Nós também somos um pouco atrasados e para fazer a diferença não podemos ficar em pé de guerra com ninguém. Vamos agindo devagarinho, sem pensamentos maus, sem fazer igual. Vamos tomando conta direitinho das nossas coisas, das nossas vidas, sem brigar, mantendo sempre uma distância dos problemas.

– "Olha, eu não quero assim do seu jeito, mas também não o quero mal, não."

É fácil, não é, minha gente? É muito fácil cuidar da nossa vida para ficarmos sempre no Bem. E isso vale para tudo, tanto para o mundo lá fora, quanto para dentro de casa, com a família, com os filhos. Um pouquinho de humildade remove muita confusão.

– "Olha, filho, eu estou muito aborrecida, quero-o bem e quero ensinar-lhe algumas coisas, mas eu também tenho muito o que aprender e não sei lhe ensinar direito. Quero-o muito bem, mas não posso tolerar que você não faça as coisas direito, que você não colabore, que não arrume o seu quarto, que não estude. Não posso deixar que a sua vida vire uma bagunça, porque o meu coração dói muito. Então, eu não posso deixá-lo crescer sem aprender, sem ter disciplina. Isso tudo é muito importante para você conquistar garantias suficientes e poder cuidar da sua vida no futuro. Por hora, eu sei que muita coisa do que eu faço não o agrada, mas preciso fazer. Não quero puni-lo, gosto de você, mas você está "levado da breca", não está respeitando nada. Isso eu não posso tolerar. Se você não está percebendo, vou ajudá-lo a perceber. Tente reparar como as suas atitudes machucam a nós todos, repare que a sua Luz está apagada no seu peito. Filho, abra o seu coração para mim, eu o quero muito bem. Preste atenção no que você está fazendo com você mesmo."

O exercício do Amor e do Bem, só pode ensinar, só pode criar possibilidades de discernimento e crescimento. Sem punições, só com conversa amável e disciplina para não "deixar a casa cair". Mas sempre com muita bondade e sensatez. Para educar não é preciso nem perder a paciência nem ficar na maldade. Não adianta se "enervar" e achar que os filhos estão fazendo alguma coisa para abusar de vocês, para provocá-las.

Não interpretem as ações dos seus filhos como se fossem maldades, porque se vocês tiverem essa postura, vão acabar acreditando nela e a maldade se instalará em vocês. E esse é o primeiro passo para a brutalidade, para as punições, que acabam encaminhando seus filhos para a autopunição, para a culpa e para a dor.

Se vocês agirem assim, na maldade, estarão cometendo o mesmo crime que foi cometido contra vocês. Lembrem-se de que foi por essa atitude que vocês hoje lutam para não serem desajustadas, maldosas, maliciosas, agressivas e ruins. Não repitam com seus filhos os mesmos ensinamentos e erros, pois certamente um dia eles se voltarão contra vocês.

Olhe, minha gente, pode acontecer o que for, podem ser os seus filhos do tipo que forem, nada justifica que vocês os submetam a uma vida com os corações fechados, sem o exercício do Bem. O Bem não é pena, não é piedade nem fraqueza. Estes sentimentos não são do Bem, porque só trazem a dor. E quando a dor se instala, não deve ser mesmo fruto do Bem.

O Bem é estimular as faculdades e os potenciais das pessoas.

Se as pessoas que as cercam estão caindo, tristes ou frustradas, deem a elas a coragem de ir para a frente. Se estão chorando, com preguiça e indolentes, vale a pena chamar sua atenção, alertá-las para o melhor, mostrar a elas que estão indo pelo caminho mais difícil.

Ensinem que são elas que fazem os seus próprios caminhos para o sofrimento. Mostrem a elas que a vida é assim para todos, cheia de desafios, mas vão ensinando disciplina e controle interior.

Os filhos precisam de respeito, minha gente, não permitam que o seu sentimento de pena os "amoleçam e os tornem cúmplices".

Só o Bem respeita.

Quando vocês "amolecem", fraquejam, seus filhos abusam da sua tolerância. Isso não é sentimento de bondade, é apenas abrir a guarda para se transformar em capacho deles.

O Bem faz o melhor para a gente e para todos os que nos cercam.

O Bem nos dá alegria interior e a gente se sente justo. E para sermos justos, precisamos ser muito firmes. Sem firmeza, o erro é certo.

Mas é preciso também estarmos muito atentos ao "diz-que-diz" do povo, que não perde a oportunidade de criticar e anarquizar a disciplina que tentamos estabelecer em casa. Sempre tem aquele que se acha no direito de dar o seu "palpite". Não deem ouvidos aos intrusos, aos palpiteiros de plantão, porque o seu Bem depende da sua força e do domínio das suas qualidades interiores e das suas crenças.

A disciplina é ensinada apenas pelos pais, e os estranhos só sabem desautorizar essas decisões. É preciso cuidado redobrado para não cair na tentação de dar aos filhos tudo aquilo que vocês não tiveram quando crianças.

Hoje em dia a educação está muito frouxa, é um tal de achar que os filhos são uns coitados, que precisam de muito conforto, de muitas facilidades, e que não precisam mais passar todas as dificuldades que as outras gerações passaram.

Atenção! Eles não são coitados coisa nenhuma. Eles podem fazer qualquer coisa para a vida deles, e certamente vão fazer, do jeito deles. E relaxem, não se sintam culpadas e deixem que eles façam. Se tiverem que ir para a escola de ônibus, eles podem sim. Vocês puderam, não puderam? E sobreviveram direitinho, sem nenhum problema. Saíram até fortalecidas de todos os desafios encontrados, não?

"Botem" seus filhos a experimentarem e fazerem de tudo, que eles aguentarão do mesmo jeito que vocês aguentaram.

Não é porque vocês ganharam dinheiro e felizmente prosperaram na vida que vão agora estragar seus filhos, mimando-os e protegendo-os com excesso de cuidados.

Pensem no desenvolvimento das suas habilidades, das responsabilidades que eles têm que assumir desde crianças, nos desafios que eles têm de enfrentar sozinhos, sem nenhum mimo nem protecionismo.

O mimo não é nenhum Bem. É apenas uma aparência, um orgulho dos pais que pensam que podem dar de tudo aos seus filhos. Mas não é um Bem.

Tem tanta gente por aí resmungando que deu tudo para os filhos, que não faltou nada a eles, e no fim da contas, eles cresceram muito irresponsáveis.

– "Uai, eu pergunto, mas será que essa gente passou para os filhos um pouco de firmeza, de segurança, de autoconfiança? Será que passaram a eles autossuficiência e disciplina para enfrentarem os rigores da vida? Será que deram firmeza, mostraram-lhes maneiras de aceitar as frustrações e lidar com as desilusões?"

Olha, minha gente, a evolução da vida não é bem assim, com tanta facilidade. Não mesmo. O Bem muitas vezes é difícil de ser sustentado, porque o povo todo está, na verdade, lutando contra esse Bem.

É um tal de palpite da família, palpite de fulano e sicrano, de pessoas que acreditam em um jeito diferente de educar. A gente tem que ser muito firme, porque há sempre aquele que considera que Amor é mimo. Que amar é fazer de tudo, encher de alegria e facilidades, presentes, brincadeiras:

– "Coitada da criança, você vai deixá-la ali naquele canto estudando tanto tempo? A pobrezinha tem que arrumar o quarto dela, tem que lavar sua louça...".

Mas todas têm mesmo que ser responsáveis por alguma coisa, as crianças precisam aprender tudo desde muito pequenas para se desenvolverem. Não podemos negar a elas as Verdades e muito menos nos descuidar do desenvolvimento das suas faculdades e potencialidades.

É claro que há momentos para tudo, momentos de alegria, brincadeira, presentes, afinal, ninguém é carrasco, certo?

No entanto, não podemos exagerar, porque depois, quando perdemos o controle, queremos "consertar", punindo-as pelos abusos que nós mesmos criamos. A criança, quando é criada desde o começo, sem abusos e com limites, fica equilibrada, participante, cooperativa, porque nunca foi ultrajada nem mimada. Teve apenas uma disciplina firme, mas nunca foi invadida, desrespeitada, xingada, abusada. Nunca foi maltratada em nome do Amor, porque o Bem não maltrata.

O verdadeiro Bem permanece firme nos propósitos de fazer com que as crianças se desenvolvam, acreditem em si e mostrem as suas capacidades. O Bem valoriza nelas cada atitude que tomam, e cria muita autoconfiança.

Então, não se responsabilizem pelas obrigações e compromissos dos seus filhos. Dividam as tarefas com eles, deixem que eles exerçam suas responsabilidades desde pequenos para que cresçam mais seguros, fortes, confiantes em si, organizados, ordeiros, e em paz para as conquistas pessoais, porque a bagunça e a confusão criam muita desordem mental.

Às vezes, a criança pode ser preguiçosa, manhosa, difícil de "levar". Eu sei disso. Mas se ela nasceu ali, junto a vocês, vai ver que foi para mostrar-lhes o quanto vocês todos são iguais e precisam, convivendo juntas, se "depurar", aprender a se superar.

Deu para vocês entenderem então que o Bem pode ser muito diferente daquele que um dia tentaram lhes ensinar?

As pessoas religiosas, muito bem-intencionadas, falam de um Bem ideal. Mas sabe, minha gente, o ideal nem sempre é essa ideia que corre por aí. O real, o Bem real, pode ser diferente do Bem ideal. Vamos todos nos "amar uns aos outros". Muito bem, este é o Bem ideal.

> "Mas o **Bem real**
> é distante do Bem ideal,
> porque o nosso coração
> ainda não tem todo esse amor
> necessário para abranger
> todo o mundo.
> A gente não tem
> todo esse Bem, pois
> **a nossa Verdade é mais modesta**."

No entanto, é a nossa Verdade, ou o que de melhor podemos ser agora, o que realmente importa.

Então, por que nos violentarmos, cobrando e achando que deveríamos ser aquilo que não temos maturidade para ser?

Por que também violentarmos os nossos filhos, exigindo deles atitudes que eles não têm capacidade de tomar? E, ao mesmo tempo, por que não os deixamos fazer tudo aquilo que eles têm capacidade de executar, em vez de fazermos por eles? Isso tudo não pode ser o Bem, não pode ser a manifestação do Bem em nós. O mimo jamais pode libertar uma pessoa, o mimo jamais pode fazer de uma criança, um homem capaz de ser feliz. Há muitos tipos de mimos.

Há aquele em que os pais fazem "tudinho" para os filhos, dizendo que eles são seres maravilhosos, especiais e, no fim da história, eles crescem e "não dão em nada", tornam-se adultos preguiçosos e covardes diante da vida. Crescem irresponsáveis, bagunceiros, exigentes, mandões, impondo suas vontades aos pais, exigindo e cobrando atenção, e por fim acabam por levar a família toda à miséria.

Outro tipo de mimo geralmente é direcionado às meninas, que são muito presas, porque tudo lá fora é muito perigoso para a segurança e honra delas. É um tal de "dá que eu faço para você", "deixa que eu resolvo", "deixa que eu vou", "eu a levo e a busco" etc.

Os pais fazem tudo pelas meninas, e colocam nelas muito medo, muita malícia sobre a vida. Aí é um passo curto para elas se tornarem impotentes, incapazes e sofrerem comendo "o pão que o diabo amassou" no dia em que têm de encarar a vida sozinhas, quando não têm mais a quem se agarrar. Essas são vítimas fáceis de qualquer aventureiro mal-intencionado.

Aí elas, completamente perdidas, vão se agarrando no que aparecer. Quase sempre casam e se penduram no marido, de tão dependentes que são.

Infernizam a vida dos homens, e da mesma forma são infernizadas por eles, e sofrem "pra burro".

"A consciência dos perigos
é importante,
mas nunca
com sentimento de medo.
O medo aprisiona e não
deixa ninguém experimentar
as surpresas da vida.
O medo tolhe a aprendizagem
e priva todo mundo da
segurança que
**é preciso conquistar
para ir para a frente**.
O medo não prepara
ninguém para a vida."

Mas o Bem é muito diferente mesmo. O Bem exige que a pessoa trabalhe, que o jovem comece cedo a exercitar suas responsabilidades, primeiro no lar, e depois fora de casa, para que ele possa assumir os seus compromissos e dar todas as respostas positivas que a vida pede.

– "Essa coisa de 'estuda, estuda, estuda', às vezes o povo acha que o filho só precisa de estudo e que basta pagar a escola que está tudo resolvido, que já fez tudo. Engano danado, pois a escola dá muito pouco para a vida humana."

A vida humana exige muito mais do que a escola, porque escola a gente pode ter e frequentar a qualquer momento. Mesmo que a gente não aprende cedo a ler e escrever, fazer conta, um dia a gente pode aprender. Não faz mal nenhum que seja um pouco mais tarde. Mas certas lições da vida, que só o Amor de pai, o Amor de mãe podem dar, com peso e força, não podem ficar para trás. Têm que começar muito cedo, porque se a criança não recebe Amor desde cedo, ela vai ter que aprender no sofrimento da vida.

Portanto, o Bem no lar pode ser muito diferente daquilo que vocês pensam e estão vivenciando. Muitas vezes a gente não se impõe em casa, com medo de arrumar confusão ou desarmonia.

A mulher faz tudo o que o marido quer e o marido enche a mulher de mimos, sempre deixando de fazer o que querem de verdade, e até o que gostariam que fosse feito. E ainda se enganam, dizendo que é para o Bem do casamento. Isto parece ser o Bem, mas não é, não. Porque depois, minha gente, quem vai cedendo, acaba frustrado, e um dia "a casa cai". É quando começam as cobranças e aquela coisa de um jogar na cara do outro suas infelicidades.

E ainda dizem que o casamento é a causa de tudo. Mas não é o casamento, não, é a forma de viver o casamento, a relação a dois.

O Bem só pode fazer bem, só pode nos dar alegrias.

Quando estamos vivendo com alegria, gostamos de fazer o Bem para todo mundo, porque estamos em estado de paz. Fora disso, somos como um animal ferido, criando dores e problemas.

Quando impomos limites saudáveis e confiáveis aos nossos parceiros, quando os respeitamos e nos fazemos respeitar, fazemos o Bem real, e alcançamos a felicidade.

É tudo muito simples. Por que complicar?

Muitas vezes vocês também falam:

— "Ai, Calunga, essa falta de dinheiro... assim não vai... está tudo tão difícil...".

E eu penso aqui comigo que nessa situação pode existir um grande Bem. Com a falta de dinheiro vocês aprenderão a usar apenas o limite do que têm, a usar as qualidades que Deus lhes deu, a fazer as coisas por conta própria, a procurar saídas, e com isso se divertir muito.

Eu já vi muita gente neste mundo que vivia muito bem, embora tivesse "dinheiro curto". Aí, foi aprendendo, mudou a cabeça e começou a ficar mais próspera, podendo comprar de tudo, gastar com tudo o que tinha vontade. No começo, na novidade, foi muita alegria. Depois de um tempo, veio o tédio, porque tudo se tornou muito fácil e a ilusão da facilidade acabou por tirar a alegria das coisas conquistadas com mais esforço e criatividade.

Quando as coisas eram difíceis, esse pessoal ficava na cozinha, fazia bolos e docinhos para as festas da família, e era aquela alegria. Depois que o dinheiro apareceu, passaram a comprar tudo pronto, e perdeu-se aquela alegria, aquela satisfação de fazer as coisas gostosas para os filhos, deixou de existir também aquela brincadeira da preparação que tanto emocionava as crianças.

Perdeu-se o carinho. Não é tanto o fazer, mas sim aquele carinho e Amor que a tarefa pedia.

"Tá" bom, vocês podem estar pensando que assim é mais fácil, que não tem mais trabalho e que eu sou saudosista.

Eu concordo que não tem mais trabalho, mas onde fica o ato de Amor? Não venham me dizer que se compra com Amor, isso não! Acordar cedo para fazer doce de coco, chamar as crianças para pôr nas forminhas, não é igual a comprar tudo pronto. E onde fica aquela emoção de enfeitar o bolo com as crianças ao redor, todas se enlambuzando? Não tem a mesma alegria nem o mesmo Amor.

Essas coisas simples da vida, minha gente, não tem nada que compre, não. Essa alegria em casa não tem o que compra, não. E eu não estou sendo nem saudosista nem piegas, porque não preciso disso.

O que eu quero lembrar-lhes, é que às vezes vocês têm tanto dinheiro ou vivem correndo atrás dele, que acabam se esquecendo das coisas simples, boas e divertidas da vida. Muitas vezes, quando não temos dinheiro sobrando, podemos, com criatividade, nos divertir muito mais. O dinheiro ajuda demais, eu sei como é a vida aí para vocês, mas por muitas vezes ele impede que algumas coisas simples aconteçam, e isso não é o Bem do coração.

Afinal, vocês sabem muito bem como é. Hoje há muita cobiça, há um grande interesse por bens materiais. Todo mundo está trabalhando, marido e mulher, é muita correria e muito desgaste para ter as coisas, para dar tudo aos filhos.

Eu aqui fico observando e digo: "Ah! que povo estressante, que povo esquisito. Como está diferente o povo deste planeta...".

Eu sei que a condição de alguns de vocês, às vezes, é tão humilde que nem dá para pagar uma escola decente às crianças, e muito menos para pagar um bom médico. Eu sei muito bem a realidade do país. Eu compreendo muito bem esta situação, e não estou recriminando ninguém. Mas será que é esse o seu caso?

Corre, corre, corre, para quê?

Será que você precisa de tanta posse assim para viver feliz?

Será que a sua felicidade depende desse esforço todo?

O que eu sei é que por aí tem gente que faz demais, alguns por ganância, outros até por medo do futuro.

É muito querer, é muito ter, tudo exagerado dentro de casa. Tanta televisão, uma para cada canto da casa, e assim cada um fica trancado sozinho num quarto, cada vez mais isolado. "Cadê" a família? Os pais e as crianças, cada um em uma televisão ou em um computador. Para que isso tudo? Antigamente, a família se reunia para assistir aos programas de TV. Por mais encrenca que desse, a família estava unida, havia muito convívio, contato e carinho. Todo mundo se abraçava no sofá e a pipoca "corria" bem

44

cheirosa. Não era melhor assim, minha gente? Não era melhor quando havia esse momento único para todos?

Mas a modernidade mudou tudo isso. Certa classe social começou a ganhar mais dinheiro do que antigamente. Dá para perceber que o povo está bem melhor agora, pelo menos financeiramente, do que estava antigamente. Ainda não está como a gente aqui gostaria que todos ficassem, pois vemos muita miséria nesse país, não somos cegos. Mas a miséria hoje é muito menor do que a de ontem, no tempo em que eu campeava encarnado por aí. Atualmente, ainda existe muita pobreza, mas grande parte da pobreza é por causa da inércia do povo, porque há muitas oportunidades, há muito trabalho a ser feito.

Mas por outro lado, apesar de todo esse progresso, sinto que o Amor está se esgotando. A parceria entre o homem e a mulher está acabando. Não se tem nem muito respeito nem paciência, muito menos cumplicidade para manter as relações. Isso é muito triste, porque até os filhos estão indo para todos os lados, desgarrando-se da família, meio perdidos.

Não estou contra a liberdade das pessoas, a liberdade sempre é muito boa. É boa, porém se a gente não for inteligente para lidar com ela, ela pode ser um grande mal para nós.

"Cadê" a Verdade do Amor e do Bem dentro das casas? Por que tanta desavença, tanta disputa entre os irmãos? Por que esses tormentos, esses ciúmes, essas maldades na mente?

Só porque todos querem ser muito individualistas e não compreendem nem apreciam as diferenças.

"As diferenças não são desigualdades que criam pessoas melhores ou piores, é isso o que vocês precisam aprender. Pensem muito bem na vida, **pensem sob que lei vocês querem continuar vivendo.** Porque na verdade, cada um de nós é quem faz a própria lei. **Deus apenas assume aquilo que nós declaramos como certo.**"

O Bem não pode ser exercido sem inteligência, nunca! Eu nunca consegui ver o Bem sem a inteligência no seu comando. Eu sei que o Bem da ignorância é falso, parece Bem, mas acaba dando sempre no mal e nos fracassos. Não tem jeito de caminharmos no sentimento do Bem sem estarmos comandados pela inteligência.

Todo homem quando vai descobrindo o verdadeiro Bem no seu coração, percebe que a sua razão está muito enganada. Percebe que o coração tem muito mais a dar a fim de resolver as situações da vida. Muito mais do que a razão, fria e calculista. As pessoas pensam que o Bem do coração é sinal de fraqueza, ou que o seu coração é muito mole. Este é um grande engano, pois acreditam que quando sentem dó ou quando são piegas, estão agindo por ordem do coração. Confundem a ação do seu orgulho com as ações do seu coração.

O dó ou pieguismo são sentimentos que criam dor e vitimismo e por esse motivo não são frutos da ação do coração, que só conhece o Bem e nos faz sempre felizes e completos.

Mas quando alguma atitude dói em nós, é porque o orgulho está trabalhando contra nós.

Os intelectuais, os que muito raciocinam, que me desculpem. Eu não estou aqui deixando de lado a necessidade da reflexão, da crítica, da análise, do discernimento e dos cuidados, mas quero apenas atestar que só o Bem pode nos indicar o caminho certo.

Só o sentimento do Bem pode nos indicar que o nosso pensamento está no caminho da Verdade, porque o pensamento, sozinho, pode ir para qualquer caminho. Qualquer mentira, qualquer afirmação falsa, pode parecer uma grande Verdade na nossa mente. Mas na hora do "vamos ver mesmo", na hora da prática ou dos resultados, é outra conversa. As mentiras e as falsidades se desmancham no ar, mas a Verdade do Bem permanece firme.

Então, é preciso amar o Bem, desejar o Bem, procurá-lo e identificá-lo no mar das nossas ilusões.

Se você agora está sofrendo e não entende por quê, certamente tem praticado o Bem com a razão, e realmente nunca faz o Bem que sente no coração. Pensar, simplesmente pensar, sem deixar que o coração seja um guia, é apenas criar ilusões.

> "Pensar que alguma coisa é boa, não significa que ela realmente seja o 'Bem Bom'. O **importante é sentir** o 'Bem Bom' com **o coração**."

Estar no Bem é sentir o Bem de Deus próximo a nós. Assim, tornamo-nos um só, em comunhão espiritual. Nesse momento podemos sentir o quanto a vida é boa e o quanto estamos preparados para superar qualquer necessidade.

Seja qual for a situação, o Amor será sempre a resposta que nos levará ao Bem.

AFIRM**AÇÃO** DO **BEM**

"Eu sou bom.

Embora a minha mente tenha aprendido muita bobagem, no meu coração eu sou bom.

E me entrego para esse 'Bem Bom' no coração, sem medo de nele acreditar.

Senti-lo no corpo e nele me envolver, e fazer o meu peito vibrar.

Na maravilha deste instante, a entrega é a constante que me eleva no ritmo dos desejos divinos.

Emana do meu peito a Luz do Bem, a crença profunda do Bem Maior, que deve imediatamente acontecer em mim.

Entendo que a imensidão cabe num instante, e que esse instante desabrocha em novos momentos, no caminho da minha evolução.

Para cada momento, para cada alternativa, existe o Bem como uma constante opção.

Constante é o Bem querer, o Bem sentir, o Bem viver.

Constante é o Bem pensar e o Bem fazer.

O Bem que brota do meu peito, no espontâneo, trazendo a Luz da razão.

No realizar o meu melhor e a minha prosperidade, para que eu possa colher também os frutos do meu trabalho.

O Bem que abraça o outro, como um agasalho, acolhendo um outro companheiro de jornada.

O Bem que provoca a renovação do levantar, a vontade de caminhar e a coragem do novamente tentar.

O Bem que é o sorriso despretensioso, o carinho generoso, que desarma e desarticula malícias.

O Bem que proíbe o mimo, e não se compadece da dor de ninguém, mas ensina o caminho para se libertar dessa mesma dor.

O Bem que não se conforma com nenhuma miséria e estimula a riqueza.

O Bem que não protege de nenhuma dor, mas ensina os caminhos da sua libertação.

O Bem que não cria nem esperanças, nem sonhos ou ilusões, mas aponta para a Verdade.

O Bem que acredita que a verdadeira caridade é despertar, cada um para si mesmo, nos tesouros infinitos que a vida nos oferece.

O Bem que é acompanhar sem se pendurar, permanecer junto sem exigir, e dar sem cobrar.

O Bem que liberta de qualquer apego e traz em si a confiança no peito, de poder sempre com Deus contar.

O Bem que está sempre presente nos piores momentos, e me dá o melhor, quando pelo pior passo.

O Bem que é a Luz no pensamento, a me dar a coragem da Verdade, quando todos me proclamam mentiras.

O Bem que acaba com a ira que tenta devorar a justiça.

O Bem que incentiva, que traz a força do trabalho e da justiça, e que apaga a cobiça.

Deste Bem eu quero viver, neste Bem eu quero me ligar. Por este Bem eu quero morrer, porque quando se morre para o Bem, se renasce para a plenitude de Deus."

CAMINHEIRO

Eu aqui, quando estou no meu cantinho, gosto de ficar quietinho, matutando, buscando novos conhecimentos, e participando de novas descobertas que me deem mais compreensão deste mundo de Deus.

Como é importante a gente descobrir coisas novas a cada dia. Nossa Senhora, quanta coisa para vocês e eu descobrirmos nesta vida! Parece até que a gente não sabe de nada...

E eu gosto mesmo de fuçar, sou curioso demais. Meu Deus do céu, como eu gosto de ser curioso! O povo aqui me diz: "Mas isso é uma doença". E eu digo: "Não é não, é uma "com licença...".

Porque eu vivo falando "com licença" para poder "cheirar" tudo o que quero "cheirar", e fuçar tudo o que quero fuçar.

A vida está aí para a gente olhar, a vida está aí para a gente viver. Do meu jeito, do seu jeito, de todos os jeitos, nessa dimensão aqui, na sua dimensão aí, em qualquer dimensão, em qualquer ambiente. Tudo está por aí, disponível para a gente "cheirar" e fuçar.

Eu gosto mesmo de ir... e eu vou... estou sempre indo, "cheirando" tudo o que está acontecendo ao meu redor. Mas é preciso saber ser xereta, saber se envolver ou não com as coisas, para não se confundir. Eu "cheiro" com os ouvidos, olho um pouquinho, mas também não fico me metendo em tudo, não. Não fico "fazendo" opinião precipitada, porque gosto de estudar com calma, gosto de pensar...

Por tudo isso é que aqui o povo me diz também: "Calunga, você que gosta de ser xereta, vai lá falar pela gente, no aparelho mediúnico, aproveita aquela portinha ali e vai conversar com o povo de lá".

Então, como eu sou proseador por natureza, já me tornei amigo de vocês, e venho sempre fazer este contato aqui.

Nessas minhas idas e vindas, vocês precisam ver quanta amizade estou fazendo. Amigos de tudo quanto é jeito eu já arrumei por este mundo afora. A amizade é uma coisa muito boa, mas também, tem uma sabedoria nisto, pois é preciso arte para ser amigo, né? Se a gente quiser botar ordem no mundo, não vai dar para ter muitos amigos, não. Se eu conseguir botar ordem no meu mundo interior, já está muito bom. Ordem na minha cabeça, nas minhas energias, um pouco mais de equilíbrio, já fico feliz. Com os amigos, a gente vai mais devagar, sem querer ser muito chato, muito "sabedô de tudo".

Então, botar ordem na vida e na cabeça das pessoas em volta de mim, Deus me livre... eu não quero enlouquecer. Eu sei que para vocês, nesta ilusão, o querer ajudar os outros é um sentimento muito nobre, muito cristão, que é obrigação dos amigos.

– "Eu hein, o meu amigo é Deus!"

Das companhias eu gosto muito, mas não gosto de ficar amarrado nos problemas dos outros, nas carências dos outros. Eu sou curioso, mas não sou bobo, não.

Eu quero é ir embora, seguir para a frente no ritmo da vida. A vida gosta que a gente experimente de tudo o que tem disponível por aí.

> "Se Deus deu a liberdade a nós, é para a usarmos. Claro que a **liberdade** tem "ciência", **exige atenção**, mas é para ser sempre usada. Eu prefiro quebrar a cabeça a ficar preso e parado."

Mas quanto a vocês, eu não sei, não. Sei que tomam as suas decisões na vida, e eu tomo as minhas. É tudo muito diferente, mas nada impede que a gente seja amigo.

Bem, eu só estou conversando um pouquinho, conversa mole, porque alguma conversa tem que sair para esquentar um pouco. Não estou querendo pregar nenhum ideal, não, porque cada um vai descobrir o que é ideal para si, cada um tem um tempo, uma história e um objetivo na vida.

Se vocês abraçaram algum ideal, e depois este ideal não servir mais, "uai", vocês é que decidam o que fazer. Vocês podem pensar: "Ah, eu vou largar essas porcarias aqui no meio do caminho, essa maneira de pensar, porque quero ficar livre. Não quero mais assim, não, quero fazer agora de outro jeito".

Uai, minha gente. Podem fazer, podem largar.

Afinal, vocês é que decidem, vocês têm a força. Deus não lhes deu a força? Deu!

"Eu não quero me apegar
a ninguém, não.
Eu só me apego a Deus.
Pego na **mão de Deus**
e vou embora
pela vida afora.
Com as pessoas,
a gente convive, sem apego.
Eu só me apego a Deus,
repito de novo."

Gostar é bom, gostar é gostoso e faz "cosqui-nhas" no coração.

Ah, eu gosto mesmo de gostar.

E vocês, gostam de gostar, de se dar?

Ah, a gente dá um pouquinho aqui, um pouquinho ali, recebe um sorriso, um carinho. E o povo gosta de um sorriso, de um carinho, né? Diz que é educação.

Mas tem muita gente que não consegue criar um clima de simpatia, de troca de amabilidades. E então é um tal de se queixar de fulano e de sicrano, que é gente grossa, desatenciosa...

Só sabem se queixar, mas não dão nada, não. Querem só receber. São os queixosos da vida.

– "Ai, Calunga, ai Calunga, não aguento mais isso, não aguento mais aquilo. Ai, meus amigos desencarnados, deem-me uma mão porque estou no desespero."

Como o povo gosta de pedir, como gosta de se queixar! Parecem "nenezinhos" desprotegidos pedindo socorro.

Primeiro fazem as confusões na vida e depois se queixam e pedem ajuda para os desencarnados ou para o astral.

Até que às vezes a gente se aproxima para ver do que se trata. Mas quase sempre a gente volta de braços cruzados. Eu, hein, não costumo me meter em confusão...

É muito bom deixar que eles aprendam com as consequências do que fizeram ou do que deixaram de fazer. Assim, da próxima vez, vão fazer bem diferente. Eu sei que não adianta livrá-los das consequências dos seus atos, porque ficarão no mimo e nunca saberão reagir ou agir de outra forma, até descobrirem o melhor.

O pior é que por não serem atendidos em seus pedidos, acabam dizendo que perderam a fé no Superior, nas Forças espirituais. Ficam bravos e nervosos com a gente.

São muito burros, não? Burros sim, porque não querem usar da sua inteligência. Eu sei que eles têm nas mãos todas as condições de reagir, mas não reagem. Por esse motivo é que nem Deus nem as Forças espirituais dão ouvidos a eles. Afinal, não são mais nem inocentes nem ignorantes. E somente os inocentes e os ignorantes é que são protegidos pela Natureza. É a Lei da Vida.

Mas a gente aqui vai ajudando, pelo menos, os filhos da Luz, nossos irmãos que estão na sintonia com o Bem ou que estão tentando seguir o caminho de Cristo, né? Aqui, pela orientação dos nossos mentores, eles me dizem:

– "Não, Calunga, não vai mimar nem este nem aquele, deixe que eles aprendam".

É esta a verdade, minha gente. A natureza é assim, os mentores mais elevados são também assim, rígidos. Paciência, então...

Mas agora vamos falar de coisa mais alegre. Vamos falar de "dar um dedinho" de coração para os outros, um abraço, um sorriso. Eu gosto de dar, mas não gosto de gente "pidonha" que vive exigindo muita coisa de mim.

O povo aí inventou uma história de eu ser seu amigo, e confesso que eu fico muito triste e desconfiado dessa amizade:

– "Ah, amigo Calunga, ajude-me e me socorra em todas as horas de necessidade...".

E "óia", pelo que estou vendo daqui, essa história de amigo não é só comigo, não. Eu vejo aí tanta cobrança em cima dos amigos, é um tal de o amigo "segurar minhas dores", "aceitar-me como sou", "ajudar-me a resolver meus problemas", "não me esquecer, não", "presentear-me", "telefonar-me e não me abandonar"...

Quem por aí pensa assim, acha que todo mundo tem que ser amigo de todo mundo.

– "Uai, gente, se eu for amigo de todo mundo desse jeito, estou perdido. Vou ter que viver a vida de todo mundo, correr para lá e para cá, resolver os problemas dos outros... Eu, hein... assim eu não quero, não. Vocês é que querem essas amizades para fazer os outros de empregados e usá-los para assumirem responsabilidades pelos seus atos negligentes."

Há uns outros que tentam me chantagear, dizendo que eu sou um "homem espiritual", e que devo dar uma "ajudazinha", algumas sugestões, alguns conselhos...

Mas não caio nessa, não. Eu sei que vocês podem e sabem muito bem usar os seus "miolos", o seu saber, os seus conhecimentos. Vocês são é muito preguiçosas e querem tudo prontinho.

É por tudo isso que Deus não dá, que Deus não atende a esses pedidos medíocres de vocês. Deus sabe muito bem que vocês já sabem tudo para reagir, mas não usam essa sabedoria.

"A amizade não serve
para mimar ninguém.
Quem se sujeita
a oferecer mimos é bobo
e tem vocação para ser
empregado de preguiçoso.
Eu aqui não sou
empregado de ninguém.
**Eu sou um
companheiro caminhante**,
que está aprendendo e
oferecendo o pouco que ainda
sabe para quem quer sair
da ignorância e crescer na vida."

Então, tratem de usar tudo o que vocês sabem e se aliem na amizade de Deus. Agarrem-se na amizade de Deus, porque é por meio da comunhão com Ele que tudo se torna possível. Eu não vou me agarrar a vocês, porque não quero e também porque não posso. Eu ainda estou indo, não estou parado para mimos. E seu eu me agarrar a alguém, paro, e fico estacionado na minha evolução.

Estou indo, indo, indo e não paro para nada. Se vocês quiserem andar comigo, será um grande prazer. Mas se ficarem todas aí sentadas para descansar, paciência, eu vou em frente, caminhando. Adeus... eu estou indo, não vou ficar parado, não. Sou caminheiro e não me canso. Quando a gente pára, vocês sabem, a vida nos atropela, deixamos de aprender e crescer, e isso machuca, dói muito.

Vamos, minha gente, ânimo para seguir em frente nesse nosso conhecimento da vida.

Eu não fico estacionado, ouvindo lamúrias e "pegando" tudo o que os outros esperam de mim. Vocês aí, eu sei, vivem "pegando" o que os outros esperam de vocês, o que os outros cobram de vocês.

É um tal de entrar na loucura do marido, da esposa, dos pais, dos filhos, dos amigos, dos colegas. Que coisa louca, minha gente, ninguém consegue mais viver a própria vida, todo mundo fica vivendo a vida do outro.

Que vergonha, que falta de maturidade espiritual!

Entrar nessas loucuras é o caminho certo para pegar "as cargas", ficar muito mal e sofrer. Vocês me desculpem falar assim, mas se fazem questão deste sacrifício, tudo bem. Se vocês acham que o sacrifício é para o Bem dos outros, se vocês pararam na grande vaidade do mundo, na ilusão do "bom cristão", eu não posso fazer nada. Cada um escolhe o que quer na vida.

Eu sei que não "carece" muito eu comentar sobre isso, mas não aguento, não.

Afinal, são vocês que vão "dormir na cama" que arrumaram, e até com um certo prazer (isso é apenas um "comentariozinho", mas que também sirva como alerta a quem está parado).

Para mim, Deus me livre de eu querer isso na minha vida. Eu não quero me envolver nas confusões que os outros fazem.

Eu sou um caminheiro, estou de passagem, e faço algumas paradinhas aqui só para conversar, mas não para me envolver, não.

Eu sou um doador livre. Doo o que quero, quando quero, mas sempre atendendo ao "querer" do meu coração.

O meu coração é Deus. Só faço quando Ele me diz que sim, quando Ele me toca. Mas quando Ele me diz não, eu O obedeço e não faço nada.

Eu doo apenas o que tenho, porque para mim esse "doar" é um prazer.

Assim, eu não perturbo minha cabeça nem "turvo" meu espírito.

Tem muita gente por aí que, para não ficar sozinha, envolve-se com todo mundo e fica numa perturbação só. São pessoas que, na verdade, não querem ficar consigo mesmas, porque não aguentam mais a própria presença, não suportam suas próprias perturbações.

Mas a vida é tão grande, tão eterna, tão cheia de possibilidades, que todo mundo vai aprendendo, aos poucos, o que é melhor para si. Isso é uma grande verdade, não?

Eu não tenho muitas ilusões de que vocês vão escutar assim "rapidinho" o que eu queria que escutassem. Afinal, vocês não sabem abrir o coração para escutar, e estão ainda muito orientados pela cabeça.

Não escutam os sons do fundo da alma, porque estão muito cheias de dramas.

Vocês pensam que o que inventaram na cabeça é verdadeiro e ficam estacionadas nos dramas, nos conceitos pequenos, nas mentiras a que se amarraram, e não percebem que o seu espírito é livre. Não percebem a amplitude da liberdade que é viver, não atinam que Deus não está cobrando nada, que os espíritos bons não estão cobrando nada, e que o que fazem das suas vidas só diz respeito a vocês mesmas.

Nada, ninguém, nenhuma força cobra ninguém. Nós apenas recebemos em troca as consequências – sejam elas boas ou más – das escolhas que fizemos e das atitudes que tomamos.

Eu vou dar para vocês um exemplo que me foi inspirado agora:

Uma rosa.

Uma rosa desabrocha e exala o seu perfume no ar.

Depois que o perfume exala da rosa e toma os ambientes, ele deixa de ser propriedade da rosa e passa a ser todos. Pode ser de quem o sentir com prazer, como também daquele que quiser tapar o nariz para não senti-lo.

Há pessoas que adoram o perfume das rosas; outras o detestam ou são alérgicas.

Mas a rosa, continua sendo uma rosa, continua sendo uma flor. Enquanto viver, será uma flor e exalará o seu perfume, e ninguém vai exigir que ela segure o seu perfume para não desagradar quem não gosta ou é alérgico a ele.

Assim, quem não gostar da rosa ou do seu perfume, pode se aborrecer, mas ela não vai se incomodar por não gostarem dela. Ela estará preocupada em ser apenas uma flor, uma rosa e, certamente, não dará nenhuma importância a quem cheirá-la.

A rosa é a rosa, e quer ser somente uma rosa. Agora, o que acontece no ambiente que a cerca, não é problema dela, ela não interfere. A rosa não é responsável por quem a ama ou por quem a odeia.

Na sua sabedoria ela diz:

– "Eu estou sendo o que Sou. Estou vivendo o que Sou, e quem me harmoniza e me equilibra é a força criadora divina. Eu só tenho que ficar aqui no 'Sou o que Sou'. É Deus que leva o meu perfume para todos os cantos, para onde Ele quer. Eu só tenho que ser uma rosa e exalar o meu perfume".

E sabem qual é a lição da flor para vocês?

Para mim, eu já descobri: eu sou igualzinho a uma rosa flor. Eu falo as coisas, falo as palavras, penso, sinto, agito, ando e existo. Existo como uma rosa flor. Mas o que está acontecendo em volta de mim eu não controlo nem pretendo controlar. Uai, eu não controlo o mundo, eu não controlo o ambiente, eu não controlo nada. Eu não me preocupo com nada.

Nem com as palavras que falo a vocês. Elas são o meu perfume. Quem quiser senti-lo com deleite, ele está à disposição. Quem não quiser apreciá-lo, tudo bem. Minhas palavras não deixarão nunca de serem levadas ao vento, como o perfume da rosa flor.

Eu não dou muita confiança, não. Para ninguém, para nenhum comentário, para nenhuma crítica, e muito menos me envaideço com elogios. Falaram, deixaram de falar; é, não é; está caindo o mundo, há muita confusão aqui e acolá; briga de cá e briga de lá... nada disso me importa. Eu não me envolvo no mundo, nem no físico, nem no astral; eu não me sujo, eu quero somente ser a rosa flor, impassível e cheirosa.

Eu vou ser a rosa flor e já está bom demais, vocês me entenderam? Eu não sei se a cabeça de vocês vai entender o que eu quis dizer até aqui.

Mas, simplificando, basta que vocês sejam apenas vocês mesmas. Eu queria tanto que vocês se libertassem, se soltassem de todas as suas amarras...

Vocês precisam aprender a selecionar melhor para aprender onde e como vão usar o seu poder de controle. Controlar é fundamental. Controlar, não tolher, não ficar estacionada.

Quando queremos escrever, temos que controlar a nossa cabeça, as mãos e os dedos; quando queremos dirigir um carro, precisamos controlar a direção, as marchas, os pedais e a velocidade, não é verdade? Quando queremos falar, controlamos a boca, e assim por diante. Todo controle tem hora, tem lugar, tem medida, tem a sua arte.

Inegavelmente, todo mundo é controlador. Mas todos são maus controladores. Para atrair o Bem por meio do controle, precisamos ser bons, caso contrário, atrairemos sempre o mal.

Quando eu digo que todos são maus controladores é porque percebo que vocês estão numa energia de atrair muita coisa ruim para vocês.

Vou dar-lhes um exemplo: o velho hábito de controlar o pensamento e as atitudes das pessoas em volta de vocês.

A consequência desse hábito é aceitar o controle do outro.

Vocês entenderam como acabam por misturar suas vidas, colocando suas individualidades e suas escolhas nas mãos umas das outras?

O resultado disso tudo é muita briga, encrenca e promiscuidade.

Mas para sorte da humanidade, Deus deu para cada um de nós a capacidade de fazer tudo por si mesmo. Nós podemos estabelecer trocas, mas não podemos ser o outro nem viver a vida do outro ou pelo outro.

Assim, é preciso saber muito bem onde e como vamos exercer o controle.

Sem controles mal-intencionados, todas as relações passam a ser de entrega. E a entrega é um presente, pois as pessoas ficam juntas apenas porque querem, com o coração livre.

Não adianta, definitivamente, a gente ficar "em cima" das pessoas, afogando-as e vigiando-as. Quem vive controlado, murcha ou morre, porque o seu perfume e vigor secam. E quem seca, perde todos os encantos e acaba abandonado.

"**O amor** não tira
o perfume de ninguém,
pelo contrário,
**é sempre uma fonte
de novas energias**.

Vocês devem estar juntas para o amor, e não para o rancor."

Concedam na generosidade, no respeito aos direitos do outro. O erotismo do outro só pertence a ele, seus desejos e suas vontades também. Larguem, parem com essa guerra de cobranças, em que nunca haverá vencedores. Vão para dentro de si mesmas e nada exijam do próximo.

O que vocês querem exigir do próximo, vocês têm que exigir de Deus.

Eu já falei, agarrem-se em Deus com toda a convicção. Agarrem-se na sabedoria do Universo, na Fonte Interior. Só assim, a Força Interior de cada uma não as abandonará. São vocês que se abandonam, não confiando em suas capacidades e potencialidades.

Se vocês não se abandonarem, Deus estará sempre e eternamente com vocês, suprindo todas as suas necessidades. Se uma pessoa sai da sua vida, certamente outra melhor aparecerá. Todas as suas necessidades serão supridas pela Fonte que rege o Universo de quem a ela se alia.

Se no momento uma oportunidade escapou, outra está para chegar. Agarrem-se à Fonte, segurem-se firmes na certeza de suas conquistas.

Assim, nessa compreensão, parem de ficar me chamando, pedindo e pedindo o que não posso e não quero atender. Vocês têm é que pedir para Deus, que vai atendê-las de acordo com o seu merecimento e suas necessidades evolutivas.

CAMINHANDO **COM** DEUS

"Nós servimos a Deus.

Queremos ser mensageiros da Luz Divina.

Estamos aprendendo, porque somos aprendizes da Verdade.

Um dia, quem sabe, possamos chegar lá.

Esperemos a hora, porque somente Deus sabe o nosso momento.

O nosso compromisso é com Deus.

É só com Deus que nos conectamos.

Não acreditem em tudo, há falsários tentando nos enganar.

O nosso negócio é com Deus, com a Fonte do Universo.

Sigamos as fontes divinas que se manifestam nos nossos corações.

Peçamos ao Universo que nos mostre os caminhos, depositando Nele toda a nossa confiança.

E vamos caminhar...

Vamos caminhar com Deus, incorporando a Presença divina em cada instante.

Mudando, como tem que mudar um caminheiro mutante.

Vagando por todos os cantos da experiência.

Abrindo a consciência e penetrando na vivência.

Deixemos as coisas acontecerem com naturalidade.

As pedras serem pedras.

As montanhas serem montanhas.

As ruas serem só ruas.

As pessoas serem só pessoas.

E a rosa ser apenas uma rosa.

Deixemos nosso perfume fluir, sem pensar nas consequências do seu aroma.

Continuemos andando, pois o andar é movimento, e movimento é vida.

Sem parar... sem olhar... sem ver...

Somente sentindo...

O que passou já não existe.

O caminho da frente é a visão da paisagem que se descortina.

Caminhemos na estrada, olhando para o horizonte, deixando ir.

À beira do caminho, cenas interessantes, a personalidade de um, o drama de outro, a conquista de muitos, a felicidade deste, o choro daquele...

Todos os companheiros desta viagem ao eterno são protegidos pela vida.

Vamos brincar nas poças d'água, vamos escrever a palavra Amor na poeira da estrada.

Porque queremos nos doar a todo momento, deixando que os momentos também se doem para nós.

Não queremos apenas passar, queremos viver.

Queremos desaguar no mar do celeiro divino.

Porque sentindo este mar, perdendo-nos neste todo, nada no mundo nos segura.

Nada nos impede de comungarmos com Deus.

E no íntimo de nossos corações, abraçados à Fonte Interior, assumimos nossa infinidade.

Assumimos a nossa liberdade de sermos criaturas divinas.

Caminhemos, caminheiros que somos!"

A LUZ
DA RENOVAÇÃO
E DA PAZ

Eu, sem nenhuma modéstia, estou muito longe de ser um espírito de Luz, mas meu coração está sempre com vocês, dividindo a esperança do Bem, na crença do Bem Maior.

É muito bom nos entrelaçarmos na Corrente de Luz que nos procura e nos envolve a todo o instante, sustentando nossas ações neste mundo de Deus.

Todos nós, um dia, uns antes e outros mais tarde, somos chamados para desenvolvermos a qualidade de sustentação do Bem.

> "Quando o nosso **coração** se abre para a vibração suave do teor do nosso **espírito** e da nossa **consciência**, a **vida** se enche de **Luz**."

Neste momento, vai se iluminando a escuridão criada pelas dúvidas, pelos medos e pelas inseguranças que tanto nos abatem. E um vigor, um frescor começam a emergir dentro de todos nós.

É o trabalho dessa Luz em nós e por nós. Luz que ilumina os cantos obscuros dos nossos pensamentos, que dissolve as dúvidas e permite que o Bem nos tome de dentro para fora.

Luz que ilumina as nossas relações diárias e faz com que esqueçamos os atritos pessoais surgidos por não sabermos ainda tolerar diferenças.

Luz divina que nos inspira a exercer o respeito à vida, abrir o nosso peito e expandir a nossa mente, estender as nossas mãos ao outro, permitindo que as pessoas sejam o que elas realmente são, sem censuras nem preconceitos. E, respeitando a condição de cada um, aceitando as escolhas de cada um, percebemos que a generosidade é um meio de cultivarmos as afinidades espirituais.

Assim, deixemos que a Luz cuide de todos e de tudo aquilo que não podemos fazer com a nossa humilde ação, ou com as nossas vãs palavras. Deixemos que a Luz envolva as pessoas que se encontram em atritos e confusões, confiando que Ela encontrará um meio de criar uma situação melhor aos confusos.

Curvemo-nos apenas à Luz e à sua Verdade, porque os conflitos e as dores não são injustiças, e sim caminhos a serem percorridos na estrada da evolução.

Vamos fazer juntos, neste momento, algumas afirmações que poderão nos conectar com a Luz.

FAZENDO UMA FORTE **COR**RENTE DE POSITIV**AÇÃO**

"Universo de Luz, Bem Maior que me guia, rendo-me a minha incapacidade e aos meus limites de saber lidar positivamente com situações conflitantes que surgem na minha vida.

Não quero discutir nem travar uma batalha com minhas emoções, porque meu peito está cheio de mágoas. Não quero nem mesmo acomodar essas mágoas dentro de mim, porque quero me renovar.

Quero perdoar e compreender que o mundo que eu criei foi resultado da minha ignorância e dos valores negativos que acreditei e alimentei involuntariamente.

Quero render-me ao Poder da Luz, e não mais manter no meu coração essa armadura de mágoas, não mais cultivar dentro de mim a crença em inimizades e negatividades. Quero esquecer todos os pensamentos sombrios, frios e doloridos que me atormentam, quero livrar-me do falso realismo, cheio de pessimismo que um dia acreditei e abracei. Quero neste instante, purificar o meu Ser contra as correntes que me prendem às competições baratas e à busca do Poder sobre os outros, que só me levam ao autoabandono, sempre cultivando sonhos irrealizáveis.

Quero a oportunidade de renovação, e para isso me concedo, neste momento, acabar com todo o meu lamento, e me colocar na dignidade.

A Luz que brilha em mim apaga a chama da vaidade e me mostra a realidade.

Quero ver de perto esta Verdade que agora acredito estar escrita dentro de mim.

Quero encontrar nos outros, apenas aquilo que eles escondem de si mesmos.

Quero fazer contato com o meu coração, para que haja entre nós a relação de paz possível.

Todas essas conquistas ocorrerão além da aparência que até agora impus na minha vida. Ocorrerão além da falsidade que usei para me proteger no mundo e do mundo, mesmo que os outros continuem a se proteger; ocorrerão além do medo dos outros, que eu cultivei, mesmo que os outros continuem a me temer; ocorrerão além da Verdade falsa que tentei impor aos meus semelhantes, mesmo que tentem ainda me impor falsidades. Ocorrerão também além das desculpas que inventei para encobrir os meus erros, mesmo que todos continuem a errar.

Eu desisto e me rendo, não quero mais insistir egoísticamente em modificar o mundo, pois abandono, a partir de agora, qualquer ideia de inimigos ou demônios, no meu interior ou exterior.

Eu quero a paz. E à paz eu me entrego, porque me concedo a oportunidade única de me deixar envolver por novos pensamentos e sentir que a Luz vive em mim e por mim.

'A Luz é um Bem repleto de frescor. É uma aragem que me reanima e me renova.'

Ela refresca meu peito cansado, restaura meu estômago adoentado pelo inconformismo, liberta meu intestino aprisionado pelo juiz acusador, cura *meus rins encarcerados pelas minhas críticas, tira da minha cabeça os monstros das perturbações alimentados pelas minhas ilusórias exigências.*

A Luz é uma torrente que exala do meu coração, renovando-me, refrescando-me, acalentando-me."

Após essas afirmações de crença no Poder da Luz, nós nos fortalecemos e nos tornamos uma porta aberta para o infinito.

Não temos nem tempo, nem memória, nem planos para o futuro. Somos apenas alguma Coisa Viva, Iluminada e Presente, sem ilusões nem destino.

E, nessa corrente de paz, vamos deixar fluir aos nossos amigos, a nossa família, a nossa cidade e ao mundo todo, apenas a ideia da dignidade pessoal.

Há em cada rosto um drama que precisa ser vivido no caminho da expressão de Deus.

Há em cada vida um destino, um jeito único da manifestação da vontade divina.

Olhando para as pessoas que nos cercam, vemos o que não temos em nós, e os que nos cercam vêem em nós aquilo que não vêem neles próprios. Na diversidade desse universo de Luz, todos nós nos completamos. Todos nós nos irmanamos no mesmo desejo de viver no Bem.

PAZ PARA TODOS

"**Paz** para todos os que nos acompanham na encarnação desta grande família, unida com objetivos espirituais comuns.

Paz, muita **Paz** no trabalho que nos possibilita conhecer os nossos potenciais e as nossas limitações a serem superadas, rumo à realização.

Paz na mão que se estende ao cumprimento.

Paz no sorriso que desenha a força para enfrentar com alegria todos os momentos da vida.

Paz na roupa que nos cobre, embeleza-nos, protege-nos, e que também demonstra a expressão da nossa personalidade..

Paz na comida que nos nutre e abençoa nosso corpo, permitindo a continuidade da nossa vida.

Paz, mesmo no meio da confusão do dia a dia.

Paz àqueles que vivem na desatenção e exercem as suas funções erroneamente.

Paz para o político que não honra o nosso voto de confiança e segue na indiferença do seu cargo.

Paz ao patrão exigente.

Paz, minha gente, muita **Paz**.

Paz à criança em desespero e aflita, carente de atenção.

Paz à dor daquele que sofre diante de si mesmo, sem conseguir se reconciliar com a vida, fugindo do seu melhor.

Paz!

Paz na tempestade.

Paz na calmaria.

Paz diante do Sol ardente e febril que queima a pele do trabalhador.

Paz no frio que nos leva à introspecção, no frio que açoita e mata o desabrigado.

Paz no vaivém da vida, no meio do rebanho imenso de pessoas que cavalgam na evolução.

Paz e Luz à humanidade.

Vamos abrir nossos braços em louvação ao Universo que nos protege, a essa grande Mãe Terra que nos abriga, agasalha-nos, e está pedindo a nossa ajuda para salvá-la da indiferença e dos maus-tratos do homem.

Vamos, então, louvar esta Terra que nos ajuda e precisa ser ajudada, renova-nos e precisa ser renovada, nos provê e precisa ser socorrida.

Paz!

Paz *às máquinas devoradoras, à imprudência dos caçadores, à loucura dos administradores.*

Paz *para aqueles que se foram.*

E, principalmente, **Paz** *para aqueles que virão."*

O importante, minha gente, seja qual for o momento, é termos paz no coração. A Luz é a certeza absoluta do Bem que nos envolve a cada instante, e nos mostra que a paz é apenas uma atitude dos que sabem traduzir o seu melhor, dos que comungam com o Universo a responsabilidade de viver no Melhor, de espalhar o Melhor, e de Ser este Melhor a cada dia.

No instante em que praticamos esta louvação à paz e à vida, iluminados pela Luz, o nosso corpo e o nosso espírito se transformam, atingindo todos os que nos cercam, todos os ambientes que nos rodeiam; e assim, tudo se renova e toma um novo rumo.

Mas se tivermos ainda mais coragem e força para irmos mais a fundo nesta expressão de comunhão com a Luz, esquecendo o jogo do controle, perdendo o medo da entrega, sentiremos que Deus se manifestará em nós, e por meio Dele a Luz nos fará ainda mais poderosos.

É a Luz que nos acompanha, leva-nos acima de qualquer montanha e nos mostra o que realmente somos e podemos.

EM COMUNHÃO COM
A LUZ

"Eu sou um pedaço do Universo em forma de gente...

Coração imenso, em que estão todas as sementes...

Vento de Luz na evolução...

Centelha do Grande Coração...

Verbo em ação de vida e realização...

Olhos de enxergar tudo, ouvidos de escutar qualquer som...

Pele de reproduzir todos os sentimentos da vida, a qual Deus se faz realidade e é apenas a própria vida."

A PERFEIÇÃO
DA CRIAÇÃO

Muitas de vocês, em suas crises ilusórias, têm a sensação de que são pessoas feias, tristes, pessimistas, desesperançosas, e até sem rumo na vida.

Procuram constantemente uma saída, buscam no seu íntimo o melhor de si, mas nada encontram, a não ser incertezas e descaminhos.

Minha gente, vamos pensar um pouquinho mais elevado, entender de onde nascem essas sensações tão pessimistas.

Tudo isso é provocado pelas ilusões da cabeça confusa de cada uma, nesse emaranhado de pensamentos contraditórios que vocês criam.

São impressões falsas do mundo, impressões que têm o poder de arrebatar a sua realidade e a Verdade que a Grande Sabedoria do Universo escreveu em vocês, mas que ainda não foram traduzidas pelos seus corações.

Acreditem em mim, acreditem numa das poucas Verdades absolutas: vocês são um pedaço integrante do Melhor, são feitas do Melhor, e por tudo isso, nasceram para o Melhor e caminham sempre para o Melhor.

O Melhor, minha gente, sem ser repetitivo!

A ilusão é uma crença negativa, infelizmente abraçada nas experiências da vida, mas que, por outro lado, pode e deve ser o combustível de reação para o despertar para o Belo.

Quem vive o feio, seja verdadeiro ou não, sente-se tão incomodado que só lhe resta aprender a despertar para o Belo. Um dia você aprenderá que a Beleza vem da Luz do coração em paz, e que uma poderosa atitude de crença no Melhor da natureza, é o reflexo de um pensamento positivo.

A Criação é perfeita, mas a perfeição só é ativada com o nosso pleno entendimento e apoio.

A vida nos criou todos perfeitos.

Únicos, diferentes, belos, interessantes, sábios, inteiros, íntegros e entusiasmados. Mas esta grandeza só poderá se realizar na nossa vida quando a aceitarmos, e a ela dermos toda a força.

E a receita que eu dou a vocês, minha gente, é acreditar nesta Verdade:

> "Tudo o que é ruim em mim,
> não sou eu,
> e também **não é** meu.
> Lembrem-se do conselho
> do seu amigo aqui do astral:
> esqueçam, zombem, brinquem
> com essas suas ideias trágicas.
> Abandonem as tragédias diárias
> e **transformem sua vida**
> numa constante comemoração.
> **Vocês** não **nasceram**
> para o trágico, mas
> **para o belo da vida**."

Pensamentos e atitudes trágicas não representam a Verdade da vida. A Verdade liberta e engrandece os homens e seus espíritos, mas a tragédia os leva à queda no limbo da existência.

Todos os pensamentos contraditórios que nos afastam da perfeição da Criação vão fazer de nós pessoas tristes, pequenas, acanhadas e aprisionadas a conceitos mentirosos, distantes da Verdade.

A partir de agora, vocês podem exercitar o caminho da libertação, meditando sobre os seus equívocos:

"Eu certamente não devo estar
percebendo quem eu sou,
não devo estar vendo
claramente qual é a minha real
aparência, mas sim, estou
apenas me comparando com o
modelo de uma outra pessoa.
Tudo isso deve ter colaborado
para eu me depreciar, e acabou
me machucando muito e me
tirando do meu melhor.
Mas sei que se eu me renovar
por dentro, mudo tudo, o meu
interior e o meu exterior.
Se eu me convencer que
esses pensamentos todos não
passam de ilusões, de mentiras
que eu adquiri neste mundo,
sei lá por que nem de onde,
eu me acerto, corrijo-me e passo
a me admirar.

Eu sei que se eu **abraçar por inteiro a** minha **Verdade, do meu coração** desabrochará a certeza de que sou natural, normal, bela e harmoniosa como tudo o que existe na Natureza. **Eu já sou bela como a vida me fez!**".

Esse seu querer é a voz de Deus, querer este que vocês pensam ser uma ilusão, uma impossibilidade.

Não, minha gente, sintam a real Beleza que vem dessa sua vontade de ser. Entrem dentro dessa vontade e digam em voz alta:

"Eu sou,
porque tudo
está vibrando em mim, e
**tudo o que
vibra intensamente É**!
Eu sou bela
como a vida me fez".

A Beleza tem mil formas, tantas formas quanto existem pessoas ou outras coisas animadas e inanimadas neste grande Universo. Cada Ser é único na sua graça criativa.

A Beleza existe, por dentro e por fora, e as diferenças são apenas padrões estéticos passageiros e mutáveis.

Há a Beleza da mente e dos pensamentos maravilhosos, há a Beleza indiscutível do coração imenso que espalha em volta de si a Luz e o Bem. Essa Luz que emana de muitos corações que estão no Bem é capaz de transformar a pele e o brilho dos olhos, aquecer os lábios e dar frescor e jovialidade aos sorrisos, remodelar o corpo como um todo, e criar encantos pessoais indescritíveis.

A Luz do coração emanada como sentimento de Amor transforma as pessoas que se consideram ilusoriamente feias, em seres charmosos, aconchegantes e cativantes. O Amor ativa potenciais, ainda dormentes e desconhecidos, em capacidades realizadoras e brinda a vida das pessoas com todo o tipo de conquistas e prosperidade.

A Luz, que ilumina a quem acredita na sua perfeição, traça também novos caminhos de infinitas possibilidades.

Então, não se acanhem, deixem de viver este teatro interior de misérias e desigualdades, as quais não passam de cenários criados pelas suas ilusões.

Venham para as maravilhas da Criação.

Tomem um banho de Luz e lavem bem os seus pensamentos, como se estivessem tomando um bom banho de água e sabão. Tirem de dentro de vocês ideias terríveis de desigualdades e inferioridades. Rejeitem ideias negativas e se deem a oportunidade de se mostrarem como realmente são: belas criaturas criadas pela Sabedoria divina.

***

Quantas pessoas como vocês...

Quantas neste mundo não se dão a oportunidade.

Casadas, dependentes do marido que não valorizam seus potenciais de realização.

Quantas desiludidas, compromissadas com a vida de forma a mantê-las na escuridão.

Quantas entristecidas e com medo de amar.

Presas com ilusões no coração.

Quantas perdidas, prostituídas, com medo de uma união.

Existem as que falam grosseiramente, criticam e gritam pelo poder, querendo ser iguais aos homens, esquecendo-se daquilo que têm dentro de si.

Existem muitas perdidas.

Inimigas, cheias de feridas, existe de todo o tipo.

Mas também existem as encontradas, centradas.

Pessoas trabalhadas, amando os filhos e sendo amadas.

Parceiras do homem, comprometidas no amor.

Criando uma vida com paz, sem dor.

Existem as fortes, tocando a vida em frente, procurando formas de realização.

Existem as bem falantes, anjos perambulantes, espelhando oportunidades e amor.

Existem as que se doam e as que cuidam de crianças, adultos e idosos e até de animais perdidos

93

e feridos.

Existem muitas neste mundo.

Mas para cada uma delas existe uma Luz única que as segue.

No ventre que abre para a reencarnação, na mão que executa a tarefa, no seio que abraça a doação, no sorriso do carinho, nos olhos sempre abertos...

A Beleza é a vida aberta, é o porte com que se leva cada situação.

A elegância não é da roupa usada, mas da arte com que se veste.

A leveza não é a ausência de peso, é a pureza com que o gesto é feito.

O pensamento é também a expressão do verdadeiro querer do coração.

Beleza. Beleza sim, vai para a mesa.

Porque é a expressão de Deus em cada um.

É a perfeição manifestada ou escondida, que explode em quem se permite, e em quem acredita na realização. Somos todos um pedaço da evolução, somos Deus em realização, vidas divinamente procriadas em profusão.

Somos todos chamas da vida, recebendo tudo o que acreditamos e que nos permitimos a dar a nós mesmos. Nenhuma porta está fechada, nós é que desconhecemos a nós mesmos e acreditamos sermos apenas uma fachada pintada no muro das fantasias.

Mas, tenham fé, pois somos Alma, Paz, e Realização.

RECOLHIMENTO

É muito importante a gente reservar um tempinho para um recolhimento particular, para ficarmos quietinhos, ouvindo nosso espírito.

A vida é sempre muito agitada. Tanto o nosso lado astral quanto o nosso lado energético estão cada dia mais acelerados, e se não tivermos o hábito de nos recolhermos para um mundo de ligação e contato com Deus para amenizarmos essa situação, não conseguiremos sobreviver com saúde.

– "Está tudo bom... está tudo certo... tudo indo..."

Esta é uma "frase-resposta" que quase sempre vocês vivem repetindo automaticamente por aí. É claro que há algumas pessoas bem chatas que se alongam em explicações e desatam a contar tristezas e desgraças, mas esse não é o caso do assunto de agora.

O que nós precisamos é saber manter o nosso equilíbrio, o nosso Melhor, fazendo esse recolhimento, abandonando essa agitação do mundo, indo lá para o fundo da gente, no sossego com Deus.

Esse recolhimento não exige muita preparação, não, basta que ele nos tire do superficial e nos afaste da rotina do dia a dia. E, olhe, minha gente, isso vale tanto para vocês que estão por aí encarnadas, quanto para nós, os desencarnados, pois a vida aqui também tem um ritmo muito acelerado.

Mas em se tratando de vocês, este recolhimento pode ser feito no trabalho; no trânsito, dirigindo o carro; em casa, ou seja, fazendo o que for.

"Há sempre um jeitinho para nos isolarmos um pouco e nos recuperarmos.
Basta apenas disciplina."

Essa prática deve ser exercida por qualquer um, de qualquer religião, de qualquer credo, e mesmo sem credo nenhum, porque não é uma prática religiosa, mas uma necessidade psicológica, orgânica e espiritual. Serve, enfim, para todos aqueles que estão entendendo que para "dar conta do recado" na vida, é preciso se alimentar de outras energias.

Precisamos de um "banho" espiritual, de um descanso, que nos ensine a não nos perdermos no mar das perturbações.

E vocês já sabem que é muito fácil perder-se nesta vida.

Seja qual for a situação em que estivermos, o dia-a-dia é intenso, denso e exigente.

Somos bombardeados pelos estímulos que acontecem a nossa volta, pelo material energético do nosso metabolismo e das pessoas que nos cercam. Afinal, a vida é psíquica, nervosa, preocupada, agitada e muitas vezes até negativa.

Vocês sabem, "né"? Aqui no Brasil vocês são muito agitadas, escandalosas, passionais, indisciplinadas e, por tudo isso, há no ar muita coisa rondando, querendo perturbar a todas.

Às vezes, vocês estão quietinhas em casa, acreditando que estão muito protegidas. No físico, até que é possível, mas no mundo energético, "a coisa 'tá' é pegando fogo".

É como vocês dizem: "A bruxa está solta". Então, de repente, quando vocês percebem, já estão indispostas, agitadas, esquisitas, por uma coisa ou outra que vocês nem sabem o que é, ou por um pensamento de cá e outro de lá.

Estão todas contaminadas, como num passe de mágica! Ficam completamente envenenadas.

Prestem muita atenção nesses momentos, não percam mais tempo, pois essa é a hora de largar tudo e exercitar o recolhimento. É a hora certa de parar para se limpar, para que a contaminação energética e espiritual não se agrave.

"O recolhimento é uma atitude,

você a toma e a inicia a qualquer hora, de qualquer maneira e em qualquer lugar. É uma espécie de Pronto-Socorro Espiritual."

O que precisa ser feito nesta hora é iniciar aquele movimento de "largar". Não pensar em nada, abandonar o mundo de fora, desviar-se de todas as vozes que ficam gritando na cabeça. E no silêncio desse abandono, entrar em sintonia com o Universo paralelo:

"**Vou para dentro de mim** descansar um pouco. **Presto atenção** nas coisas, mas elas estão lá fora e eu estou aqui, recolhida em mim, contatando o **Divino Maior**. E calada, porque o **Silêncio é precioso** neste momento".

Neste silêncio, vocês estão concentrando energias positivas, firmando-se no Bem. Vocês estão trabalhando, mas só no Bem.

Estão lá, recolhidas em seu coração, no seu Melhor, repondo-se, fortalecendo sua firmeza.

"Isso tudo aqui não vai me levar, não; essas **influências mentais** não vão entrar em mim, esses **pensamentos** não vão tomar espaço em mim. Não vou ficar me envolvendo com esses assuntos, essas **negatividades**, essas malícias. Vou ficar quieta e firme no meu coração. Vou deixar passar, **tudo passa** e nada vai me levar, não."

Então, minha gente, aprendam muito bem esse exercício de firmeza e crença no Melhor.

Vocês ficam no desespero porque não fazem esse exercício de firmeza e de recolhimento. Portanto, aprendam bem, porque se não o fizerem, não aguentarão. Vocês não são de ferro. Vocês ainda não têm nem equilíbrio nem educação mental suficientes para se garantirem. Se não fizerem por vocês, quem fará?

O momento de recolhimento é sempre de fortalecimento, e nós precisamos sempre de um reforço, de um "remediozinho" contra influências externas. É também uma oportunidade de não nos deixarmos ser atingidos pelas loucuras dos outros.

Vocês sabem muito bem que aí, nesse mundo, as pessoas pegam "carga" de outras, "conflitam-se" umas com as outras, metem-se na vida de umas e de outras sem muita cerimônia, sem serem chamadas e muito menos sem pedirem licença.

"Eta" gente que não respeita limites e vive se arrebentando, vive suja e na sujeira dos outros.

Agora, se quiserem ser irresponsáveis e não ter cuidado consigo mesmas, o que eu posso fazer? O azar é de vocês.

Mas se tiverem um pouco de juízo, vão perceber que assim como o seu corpo precisa de alimento, descanso e banho, a sua Alma também precisa dos mesmos cuidados e atenção. Caso contrário, sem esses cuidados, vocês não aguentarão e não se manterão saudáveis e equilibradas por muito tempo.

O Melhor é cuidar bem de nós mesmos. É o mínimo que precisamos fazer para termos uma vida com um pouco de paz.

O mínimo, minha gente! E não tem desculpa, não. Dizer que é difícil, ficar no "ai, ai, eu não consigo", é mimo, preguiça e desculpa de gente indisciplinada.

> "Ou a gente se cuida, ou a gente sofre. **A Lei é igual para qualquer um de nós**. Então, precisamos fazer recolhimento todos os dias, até duas ou mais vezes, dependendo de como as energias estão fluindo ao nosso redor."

Mesmo que as coisas não estiverem muito ruins, é bom praticar o recolhimento. Porque na hora em que acontece o ruim, já estaremos prontos e nada vai ter o poder de nos arrastar.

Às vezes, a desgraça vem porque a atraímos com as negatividades e as ilusões que alimentamos. São esses sonhos na cabeça que, de repente, quando defrontados com as Verdades, surpreendem-nos, decepcionam, levando-nos a situações desafiantes e conflitantes que nos perturbam demais.

A vida é mesmo cheia de fatos inesperados.

Ninguém está preparado nem quer saber quais parentes nossos morreram, que doenças apareceram em nós e nas pessoas que amamos e tantas outras coisas. Ninguém quer ver nada nem aceitar nada.

Todos vivem na ideia paradisíaca da felicidade e não querem entender que a felicidade é ainda impossível para muitos. Pelo menos esta fantasia de felicidade.

Eu não quero dizer para vocês ficarem sempre pensando em tragédias. Mas é preciso se preparar para a vida real, sem revoltas, tumultos e conflitos quando uma situação mais difícil aparece e joga os seus sonhos por terra.

Eu sei que ser franco machuca, dói em vocês. Mas que "raio" de vida vocês vão viver se não tiverem firmeza interior, se não estiverem preparadas para todas as surpresas que certamente acontecerão?

Pratiquem então o recolhimento para que a firmeza interior fique cada vez mais poderosa em vocês.

Pratiquem, senão, quando a vida cobrar, vocês ficarão naquela velha ladainha de rezar, pedir ajuda a Deus e a todos os santos que vocês conhecem.

Mas Deus já lhes deu tudo, basta que tenham mais compreensão dos seus potenciais e das suas possibilidades.

A gente sabe muito bem que muitos não assumem a responsabilidade pelas suas atitudes e depois, quando as coisas "ficam pretas", berram, choram, chamam pelos mentores, por Deus. Exigem que todos corram em seu socorro.

Mas ninguém é impotente assim, não mesmo! Esta falta de responsabilidade diante da vida, eu chamo de relaxamento, falta de "vergonha na cara".

Eu não estou "dando pito", não. Mas umas verdades a gente diz. Serve como alerta e reforço.

Estou aqui para acordar um pouco vocês, que têm vontade de aprender. E sei que ensinar como aplicar o recolhimento é uma boa causa.

Não quero mais ver pessoas que ficam de cara feia por qualquer pequeno motivo, porque acham que foram contrariadas pela vida. E, às vezes, nem têm motivo, apenas se deixaram pegar por uma energia muito pesada. Ondas de energia das pessoas que as cercam, do ambiente, do prédio em que moram, dos programas de TV, das notícias do jornal, sei lá de onde, porque por aí há muita energia ruim circulando.

Não podemos mais ser bobos e ficarmos por aí, "sem eira nem beira". Precisamos nos preparar e nos proteger com o exercício do recolhimento, que dá muita segurança e "esperteza" para nós.

Vocês aí, tomem uma atitude nova, responsável e corajosa e a assumam:

"Eu vou para
a **minha casa interior**,
porque lá é o meu Templo.
Lá eu estou com Deus
e com a Natureza.
Preciso construir
esse Templo interior,
para poder recolher-me

quando a coisa estiver
muito feia para mim.
Não vou ficar agora
me batendo contra a vida,
feito gente tonta".

Então, minha gente, convido-lhes agora para exercitar o recolhimento.

EXERCÍCIO
DE **RECOLHIMENTO**

"No aconchego do meu peito, o grande momento. A consciência de que o Universo me apóia e que o ambiente externo não tem força sobre mim.

Ninguém que eu conheça ou desconheça vai ter poder sobre mim agora e sempre.

Todo mundo está lá fora, dentro de si mesmo, na sua luta, vivendo a sua hora.

Eu, cá dentro, estou só em mim, centrada no meu Ser único.

Sou abraçada pelo Universo, por Deus, envolta pela minha Paz.

Na firmeza do meu Ser, ajudo a mim mesma, de acordo com a minha Verdade e com o querer do meu coração.

Firme estou, porque esse mundo nada me representa agora.

Ninguém e nada me provocam, nem os dramas dos outros, que nada são mais do que a passagem deles mesmos, rumo ao seu mundo.

O meu mundo é a minha passagem.

Cada um vai viver dentro de si pela eternidade, como eu viverei dentro de mim.

Neste momento, eu declaro a paz em meu coração e o silêncio em minha mente.

Seguro-me inteira na confiança, na Força do Infinito que me apóia e me sustenta, acima da minha própria confiança.

Sou o que Sou, faço o que sei e o que é possível ser feito. Fora disso, não existe nenhuma Verdade, não existe nada mais.

Neste instante aceito com dignidade as minhas conquistas e as minhas fraquezas, e me fortaleço com coragem.

Paz interior. Paz na mente. Paz no ato.

E na consciência da reformulação, a minha libertação.

Na consciência e na afirmação do 'Eu Sou!', expressando a força de Deus em cada momento da minha vida."

Agora, depois dessa experiência de recolhimento, esforcem-se sempre para permanecerem no seu Bem, a fim de reativarem o corpo e mantê-lo infinitamente repleto de energia.

IRMÃOS NO ESPÍRITO

Vocês já pararam para se perguntar do que mais gostam na vida?

De uma criança, de um cachorro, de um papagaio, de um idoso? Ou dos seus namorados, dos seus companheiros? De algum familiar ou de algum amigo?

Ou seria de um céu em uma noite estrelada, daquela lua prateada, ou de uma manhã ensolarada?

O que vocês preferem? O que as toca mais no fundo na alma?

O que traz a vocês a Alegria do Amor no coração?

O que cria em vocês aquele calor que invade o peito, que faz nascer o desejo do Grande Bem, que satisfaz e preenche os vazios dos seus espaços interiores?

Se vocês pensarem agora, o que desejariam evocar com todas as suas forças?

Deus, na Grande Luz, no Grande Poder; Maria, na imagem feminina que as aconchega e as acaricia?

De quem vocês querem se lembrar, que é capaz de resgatar e fazer presente essa pureza de sentimentos tão nobres?

Será o seu "negócio" com Deus, a sua promessa de sociedade com Ele, que as deixam felizes?

Ou será um gesto de caridade e compaixão? Ou seria ainda a simples atenção do companheiro?

Do que é que vocês gostam, afinal?

Esta é uma pergunta muito interessante, que acaba por nos levar a vários mundos e também a sentirmos várias sensações.

E vão para o seu gostar, seja qual gostar ele for...

Entrem no seu espaço interior, onde existe o amor, pois aí moram o calor e a Paz.

Neste instante se deixem encher-se do Melhor.

"Abandonem tudo o que
é contrário à sua vontade,
e centrem a sua energia
em algo que **realmente**
é **bom** para vocês."

O amanhã está aí e há sempre uma oportunidade a ser criada para relaxar e fazer coisas diferentes do hoje. No entanto, serão sempre vocês a fazer o que quer que seja. Valorizem o seu novo dia, criando uma oportunidade de entrar em espaços que possam criar a beleza de uma vida com amor, segurança e prosperidade.

Sim, façam isso acreditando que vocês não são seres comuns.

No fundo, são espíritos, seres humanos cheios de vontade, planos, desejos e interesses ímpares.

No fundo, vocês são nobres e suas razões se tornam nobres também.

Deixem fortalecer em vocês a ideia do Melhor, da conquista, a ideia do amor, da beleza da vida, das grandes descobertas, do trabalho bem-feito e produtivo, e de todos os seus méritos. Deixem nascer em vocês aquele grande amor, repleto de romance e sensualidade.

Fortaleçam os laços que os unem aos seus filhos, aos seus familiares, a todos os que crescem com vocês em seus lares, aos seus amigos e aos companheiros.

Vocês que são pais, são um espaço de oportunidades para seus filhos.

Vocês que são mães, são um espaço de caridade para seus filhos.

Vocês que são amigos, são um espaço para a realização do Amor que une a todos.

Vocês que são trabalhadores, são um espaço para a criação de oportunidades e prosperidade material.

"Em cada atividade, **vocês são a sua maior oportunidade**. Em cada oportunidade, **vocês são a sua maior chance**."

O espaço interior do amor é a naturalidade com que vocês abraçam a grandeza do seu espírito.

A humanidade, a honestidade, os grandes valores das virtudes humanas permitem construir um mundo ordenado, justo, lúcido, educado e muito melhor.

Ajudem-se, ajudando a trazer para fora as Verdades do seu espírito.

Despertem nas almas pequenas das crianças a grandeza da própria vida.

Vocês que são adultos, maduros, vocês são o depósito do futuro, e dele vocês são a esperança.

Na força cotidiana de cada um, no manter o Melhor de si sem se deixar consumir pelas tentações é que reside a certeza do futuro dos que virão e de toda a raça humana.

As crianças do futuro, por certo, serão reflexos de vocês, em uma nova reencarnação.

"A idade adulta que vocês já chegaram e as

suas **responsabilidades** não são desculpas egoístas para que se desliguem ou se tornem indiferentes das exigências da **Terra**."

O trabalho para o futuro é o futuro de todos, inevitavelmente.

No círculo da vida, a eternidade é sempre Presente.

A beleza de cada momento é a justiça íntegra do coração, com o qual se age a cada instante. A pureza relevante que modifica tudo, trazendo em seu bojo a constante harmonia do tudo se realizar.

Orem então, comigo, agora, uma oração que é um mergulho no mundo da Luz interior.

Abram suas asas de benfeitoras, tenham a coragem de andar na dignidade dos seus nobres valores.

Esqueçam a mediocridade do mundo, as baixarias; afastem-se da vaidade. Esqueçam a materialidade e o fruto da ignorância que abandona o espírito como uma criança despreparada.

Voltem-se para dentro do Ser humano que são, e resgatem o compromisso com a vida.

A tecnologia e os apelos materiais não podem apagar a realidade de cada espírito. A modernidade nunca deixou, nem pode deixar de lado, a Verdade humana, o espírito nobre e os seus sublimes valores. Isso tudo sempre será contemporâneo, moderno e atual.

Ser Homem ou Mulher, ser Humano, tudo isso sempre será o que se É, na preciosidade das transformações da vida em cada um, na trajetória terrena.

Para o espírito, porém, na grandeza de possuir em si as características divinas, por carregar em si a confiança e a chama de Deus, por depositar em si o futuro do Universo, é preciso persistir e nunca esmorecer.

A vida é uma oportunidade constante de refazer-se.

A prece é então um espaço de conscientização plena, lúcida e maravilhosa da mágica da vida.

Nela, nós nos exercitamos para o Bem.

Para o amor.

Para o capricho.

Para o Melhor de nós mesmos.

Venham, venham ficar conosco, de verdade.

Venham viver conosco, na Verdade.

Assim, nós nos sentiremos todos iguais.

Alma a alma, coração a coração, olho a olho, cara a cara!

"Somente no encontro **profundo** e **verdadeiro** é que sentimos que **somos um o reflexo do outro**.

Você é a minha realização
e eu, a sua."

Por tudo isso, neste instante, eu posso, com certeza no meu coração, chamar a todas vocês verdadeiramente de Irmãs!

O REEQUILÍBRIO DA VIDA E DA TERRA

Todo mundo que muito luta, tudo perde.
Todo mundo que muito compete, diminui-se.
Todo mundo que muito busca, nada encontra.
Todo mundo que tenta fazer, nada faz.
Todo mundo que peleja contra o vaivém da vida, acaba esmagando-se.
Todo mundo que está no corre-corre mental, na aflição do ter, esvazia-se.

"Para estar pleno,
é preciso **não** buscar,

não forçar ser.
A vida é o **não fazer**,
é apenas o deixar ser feito."

Um dia vocês vão entender que viver é um ato de relaxamento.

Os chineses falam isso no Taoísmo, e nos ensinam muitas coisas sobre o movimento equilibrado da existência de cada um de nós, enfim, sobre a Verdade de Vida.

Portanto, minha gente, temos uma grande lição a aprender com os pensadores taoístas.

Precisamos experimentar a fórmula da profunda filosofia chinesa, a sua essência de fluir na sabedoria, de viver com calma e saborear a profundidade de todas as coisas, sempre em contato com a vontade do nosso espírito.

Viver, acima de tudo, com muita serenidade, sem pressa e sem apressar o tempo para antecipar os acontecimentos.

Quando nós estamos serenos, nossos sentidos se abrem e a vida ganha um colorido muito intenso, as coisas ganham novos significados, e maravilhas se revelam aos nossos olhos.

Quando estamos fora da serenidade, agitados mentalmente e obstruídos por nossas ilusões, tudo perde o gosto.

O sentido da vida perde-se e caímos no tédio da insatisfação.

Agita, agita, agita!

Faz, faz, faz!
E nada tem.
Nada vale.
Por tudo isso, acalme-se.

> "A sua vida
> não é para fazer.
> Você não tem
> que chegar a lugar nenhum.
> Você está aqui apenas
> para deixar
> a **vida** passar por **você**."

Você tem medo da passividade, tem medo de deixar ser invadido pela vida.

A sua vaidade grita:

– "E aí, se eu parar, como é que vou pagar as minhas contas? Como é que vai ficar isso ou aquilo?".

Pois é...

Como você não percebeu nada, continua atolado na sua agitação.

Não percebeu que quando você está na serenidade, tudo vem para a sua mão, tudo cai do céu.

Na serenidade, todos os recursos são concedidos e tudo é provido no mais absoluto silêncio.

Nas Escrituras têm uma frase famosa:

"Meu Pai é o meu pastor e nada me faltará...".

E esta Verdade foi escrita, certamente inspirada por espíritos superiores, para nos provar que os infinitos recursos da vida estarão sempre à nossa disposição.

Não acredite, pois, em dificuldades.

Quem sabe um dia você possa vir a se deixar – por meio de uma crença mais madura – experimentar o que eu estou dizendo. Mas vá se acostumando com a ideia de que tudo é uma grande aventura, tudo é um experimento. Basta você ter coragem e deixar acontecer...

Eu sei que quando chegar esse momento de fé maior, você vai encontrar tantas outras possibilidades que até então não alcançara, e perceberá que a vida, do jeito que você vinha levando, estava errada e amarrada. Você vai acabar se convencendo de que existe um outro modo de viver muito melhor.

Se você não se arriscar, nada vai encontrar, e sua vida passará despercebida e estéril.

"**Tudo se realiza**
quando resolvemos
colocar a paz dentro de nós
e largar tudo,
buscando o equilíbrio.
Largue tudo, deixe tudo para lá.

**Ponha seu coração
no Bem**,
deixe a disputa, a vergonha,
a culpa, deixe tudo de lado,
pois nada disso presta.
Reaja e pare de ser infeliz,
porque não vale a pena
ficar reencarnado nesse
desequilíbrio emocional.
Vamos, reaja!
Vire-se para o outro lado.
Vire-se para cima;
vá, se for preciso,
para o seu avesso,
mas **renove-se**.
Recomece
com coragem e firmeza,
sem medo de apostar no novo,
de viver no melhor.

Ponha seu coração no Bem.

Fique no Bem do coração
e siga.
Vá em frente.
Vá no Bem.
E receba Deus contigo."

Vamos, então, somar todos os nossos interesses comuns em prol da felicidade do mundo.

É chegado o momento de termos uma consciência alerta para as Verdades da Vida.

É chegado o momento de estarmos firmes em nossas Verdades.

Firmes em nossa espiritualidade, trabalhando com coragem para o Bem comum e pondo no mundo valores renovados.

"O mundo amadurece
um pouco mais
quando aceitamos
o equilíbrio da vida."

Muitas transformações vêm ocorrendo nos últimos tempos, em todos os níveis, exigindo que cada um dê o seu testemunho em prol da Verdade. E você faz parte dessa transformação, apenas pelo seu ato de buscar novas Verdades, pelo seu interesse num espiritualismo mais independente.

Há mudanças incríveis nos lares, no trabalho, na roda de amigos e, principalmente, no mundo interior de muita gente que está se diferenciando e se afastando de crenças antigas.

Todos nós estamos sendo chamados para o testemunho de uma Verdade Maior.

É preciso ter coragem para viver com novos padrões.

É preciso ter coragem e trazer para fora os nossos sonhos de amor, os nossos sonhos de paz e a nossa esperança de justiça e humanização.

Chegou a hora de todos nós gritarmos e falarmos com a voz que sai do fundo dos nossos corações, reivindicando consciência e dignidade a todos.

A ciência avança, jogando por terra preconceitos, tabus e dogmas.

A cada dia fica mais próxima a revelação da Verdade, por meio da ciência e de uma compreensão mais aberta das realidades da vida.

A cada dia que passa, mais a compreensão dos homens livres anda a passos largos, rumo a uma espiritualidade independente, desligada das religiões dominantes.

A união da ciência com as Grandes Verdades é um fato real.

A cada dia que passa, mais cai o mundo invisível, e percebemos com clareza as outras dimensões do Universo.

O homem investiga, procura e encontra todas as evidências da reencarnação, de outros mundos, de outros planetas e de outros seres.

Está chegando o momento cada vez mais claro, em que grandes descobertas não deixarão dúvidas sobre a eternidade do espírito, sobre o processo de evolução das várias etapas da vida de cada um de nós.

Carne e espírito serão compreendidos como uma unidade interdependente.

Este momento exigirá uma remodelação dos nossos valores diante da família, da sociedade, da medicina, diante de todos os objetivos humanos.

Brevemente, chegará o dia em que nos aproximaremos como irmãos que somos, civilização com civilização, povo com povo, pessoa com pessoa.

E o grande sonho de paz e fraternidade que está há séculos adormecido, mas cultivado esperançosamente no coração dos homens, fica cada dia mais fácil de se concretizar.

Há certamente os terroristas, há os intolerantes, há aqueles que acreditam no terror, na catástrofe, na morte purificadora, no martírio e na guerra, na dor e no conflito, na culpa e no castigo, mas há em paralelo um forte sentimento de irmandade e respeito às diferenças.

"Há um novo sopro de vida. A compaixão está

despertando
**uma compreensão
inteligente da realidade**
e uma **vontade universal**
de **construir o Melhor**
para aumentar a qualidade
das relações e
equilibrar todos os Seres."

Enquanto alguns gritam no desespero de suas últimas chances perdidas, nós estamos nos levantando. Já estamos cansados de carregar a cruz do sofrimento e optamos pela ação da inteligência.

Optamos pelo coração.

Você está sendo chamado no seu dia a dia para plantar e regar essa semente de renovação.

Responda a esse chamado com coragem.

Dê o seu testemunho, não negue sua fé.

Fale do Deus diferente e libertador no qual você crê, fale da Verdade e tenha a coragem de encarar a hipocrisia humana com dignidade, mostrando o que de bom existe dentro de você.

Não haja com vergonha nem constrangimentos. Exija a transformação social.

Exija que todos aqueles que estão à sua volta ajam com honestidade.

Delate as corrupções e as mentiras que cegam, mas com carinho e compaixão, procurando sempre a reformulação do delatado.

Não aprove crime algum, não aprove qualquer desonestidade.

Não aprove que pessoas hipócritas continuem vendendo mentiras e falsas promessas com as suas propagandas e atitudes ilusórias.

Negue-se à violência dos meios de comunicação, boicote escândalos.

Eleve-se!

Fique acima dos comentários e fofocas do seu trabalho, do "diz-que-diz" da sua família e amigos, da ignorância consumista que tenta desviar sua atenção das Verdades e das coisas sérias da sua existência.

Volte-se para si mesmo.

Dentro de você há um coração cheio de ideais, reside uma Verdade eterna. Deus escreveu a Verdade dentro do seu coração e é nele que você vai aconchegar-se e aquecer o seu espírito.

Nele você vai estar junto às Forças Espirituais, que abrandarão o seu caminho, enriquecerão o seu espírito, elevarão sua condição vivencial acima da miséria humana, para que você permaneça intacta.

Assim, espero que você vença, dentro de si mesma, as trilhas repletas de ignorância e de ilusões, que a impedem de chegar ao alto da montanha, onde estão suas realizações. Quando chegar ao seu cume que você possa ver que o Universo e a vida são amplos.

Preconceitos ficarão pelos caminhos. O passado vi se desfazer.

Suas mãos, atentas, prontas para trabalhar, começarão a construir em você e nos outros ao seu redor, o positivismo, a confiança no Bem e na Justiça, e você será, finalmente, a testemunha da Verdade.
Sem brigas com a vida.

"A ignorância
só pode ser vencida
pela inteligência e compreensão.
O castigo
deve ser trocado
pela **compaixão**;
o erro,
pela **compreensão**;
e as deficiências,
pela **educação**."

Só assim libertaremos este planeta da ignorância e o transformaremos num centro de regeneração e evolução da raça humana, o verdadeiro Reino Prometido, em que a dor não terá mais motivo de existir.

Será o Paraíso de volta. Porque só se perde do Paraíso aquele que abandona o próprio coração.

UMA **PAUSA** PARA MEDITARMOS **JUNTOS**

Agora vamos descansar um pouco e meditar.

Ah! Eu estou com saudades de nos abraçarmos em espírito para aquecermos os nossos corações.

Vamos nos abraçar em espírito?

Nas nossas mentes, vamos sentir a nossa condição de corações palpitantes.

Vamos sentir que, além das barreiras das paredes e das distâncias que nos separam, nós, você e eu, estamos unidos pela voz, pela vibração sonora que permite o nosso contato, numa energia de muita paz.

Venha somar comigo, você também é um gerador de energia.

Você também é uma força, uma estação terminal do Bem.

Pode espargir por sua testa, por sua cabeça e coração, a certeza do melhor, do Poder Maior.

Então, venha comigo nesta corrente de Luz, emanada por encarnados e desencarnados do Bem.

Venha comigo, junto com os que o acompanham na dimensão astral, e com os que o acompanham na dimensão física.

Vamos nos ligar a todos, todos juntos num só pensamento, nesta cidade que é um grande laboratório de vidas, um motor que nos movimenta. Nesta cidade, que tem neste momento o dever de cumprir sua missão, de nos acolher e de nos alimentar, como todas as outras, mundo afora.

E nós, participantes desta história, queremos contribuir com o Bem.

Contribuir com a crença de que os esforços que temos são os esforços de ajuda coletiva.

Sabemos que quando nós nos melhoramos, acabamos por melhorar o mundo também.

Toda arena das lutas humanas está dentro de nós. Cada um enfrenta, no cotidiano, suas próprias necessidades e deficiências, todas as demandas da vida.

Portanto, ao gerar o Amor em nós, estimulamos as fontes de forças positivas em nossas vidas.

Vem então, agora, comigo, mãos nas mãos.

Coração a coração.

Mente a mente.

Antes de sermos uma pessoa no mundo, nós somos uma essência de vida, uma estrela no Universo divino, na Inteligência divina.

Brilhemos como essa estrela!

Sem medos, exalando para fora de nós o nosso Bem e a nossa Paz.

Deixe aos poucos, e com calma, vir à tona a sua crença, aquele seu lado que acredita e aposta no Bem; aquele lado que ri, que é alegre, positivo, luminoso, engraçado e cômico.

Vem, vem com o seu melhor.

Vem com o amor que você sente, por todas as coisas e por todas as pessoas.

Abra o seu sentimento de amor, deixe-o jorrar sem direção, deixe-o sair e banhar toda a cidade.

Deixe-o generosamente banhar o seu trabalho, seus amigos, seus conhecidos, toda sua área de ação. Ultrapasse esses limites e jorre esse amor para toda a humanidade. Não se preocupe se são seus amigos, desconhecidos ou até inimigos.

Doe-se. Fique no desejo da certeza no Bem, no Bem de todos.

Não se preocupe, não tenha reservas. Aqueles que lhe são difíceis, eu sei que a Vida e a Luz acharão um meio de fazê-los também felizes.

Ninguém, mas ninguém mesmo, pode ser condenado por você neste momento, mesmo os criminosos, os ignorantes. Ninguém pode ser julgado por você. Quando temos preconceitos dentro de nós, não podemos ser juízes.

Apenas Deus saberá o que fazer com a vida de cada um.

Há muita coisa triste neste mundo, mas tudo isto é responsabilidade divina.

Fique apenas alerta para não ser tomado.

Queira ficar alerta para acordar para o que Deus lhe indica, para o Seu chamamento divino.

É certo que Deus quer que você participe da vida com Ele.

Todos nós somos chamados para fazer algum tipo de Bem, independentemente do nosso desenvolvimento e da nossa consciência. Pode ser um Bem interior e particular, um Bem na nossa casa, no nosso trabalho ou um Bem humanitário qualquer.

Tenha apenas a consciência clara para poder enxergar e ouvir este chamamento quando ele ocorrer, e fazer sua parte com amor.

Tenha confiança na sua capacidade, não abandone o seu posto diante Daquele que o nutre, protege-o e abençoa.

Você vive na Luz da Vida, nesse misterioso fenômeno que é a espiritualidade manifestada em você por meio das Forças divinas.

Apegue-se convictamente a essa Verdade.

Deixe de lado o homem e sua carência. Respeite-o, apenas.

Alie-se à grande Verdade da Vida. Ao Grande Pai, à Grande Mãe, à Grande Fonte de Vida.

Gravite sobre os ambientes que você quer energizar, sobre todas as pessoas que você se lembrar, e transforme-se num aparelho transmissor de energia. Ligue-se à Fonte de Vida Maior, reabasteça-se e jorre cada vez mais energia sobre todos.

A sua ligação com a Fonte de Vida Maior é a sua crença, seu poder, sua coragem de ser um instrumento de Luz.

Isso está em você, isso é você.

Você é o soldado e o senhor. Você é um ajudante de si próprio e do Universo.

Faça o seu melhor, pois nesse casamento, nessa união com o Superior, você passa a ser absoluto.

Ninguém lhe tira mais esse Poder. Suas dúvidas caem por terra e seus temores se desvanecem.

Você tem o Poder sobre si mesmo e viverá com suas janelas abertas para o infinito, vislumbrando todas as dádivas a que se tornou merecedor; para a grandeza do Bem, porque é um servidor da Fonte da Vida, e um vencedor, porque na energia de Deus não há derrotado.

Agora eu o abraço para encerrar esta prece meditativa, completar este louvor e agradecer nossa união, sabendo que somos apenas o reflexo do coração.

Fique em paz.

É MARAVILHOSO VIVER NA CERTEZA DO BEM

Minha gente, é uma bênção estarmos vivos, reconhecendo a eternidade, e dela usufruirmos muitas chances.

"Viver é **a conquista** diária **de nós mesmos**, é a certeza de que o esforço interior nos eleva

para **um objetivo maior**,
que é a possibilidade
de vencermos
as nossas deficiências e,
aos poucos,
depois, infinitamente,
acomodarmo-nos no
Reino Maior da Criação."

Reino de paz, alegria, realizações e felicidade.

Quando nós compreendemos que o que vale mesmo é o que alimentamos por dentro, realmente damos o grande passo para a conquista do nosso bem-estar eterno.

O mundo físico, esse pequeno espaço que encarnamos, do mundo é. Tudo aqui fica na sua pequenez, ao contrário da grandiosidade da eternidade que nos espera.

Aqui nós passamos pelas situações e circunstâncias apenas como viajantes efêmeros. Nada podemos carregar, senão as constantes transformações que sofremos nas várias vivências, e que despertam os nossos potenciais, fazendo-nos melhores.

Isso sim, nós levamos para a eternidade.

A partir desse crédito, e pelos nossos méritos, adquirimos o direito à liberdade e ao usufruto de todas as delícias da Vida Eterna.

Se compreendermos profundamente essa Verdade com o coração, nós nos libertamos das pequenas coisas e começamos a viver as grandes maravilhas do viver.

As grandes maravilhas do viver são, na realidade, o despertar do nosso coração, da nossa alma e da nossa Verdade interior, sempre conectado com o Superior.

E é sobre isso que agora eu venho falar a vocês.

É sobre a certeza!

Agora, neste momento, eu sou a certeza. Absoluta, sólida e concreta... da Vida Eterna!

Essa certeza abre meu coração na alegria de que todo o meu trabalho, de que tudo aquilo que eu possa fazer, é a conquista das possibilidades e da minha capacidade de doação.

"Nada me fascina,
nada me segura,
nenhuma ilusão
estaciona em mim,
mas **a Verdade da Vida
e da Eternidade**
desenrolam-se
dentro de mim,
constantemente."

Por tudo isso eu sou a certeza, e a minha palavra é de certeza. Eu não temo a certeza, minha gente.

Eu não temo a convicção do Bem.

Eu assumo o Bem no meu coração e não aceito nenhuma dúvida. Só aceito o Bem Supremo em meu coração.

O resto é pura ilusão passageira.

Eu sou radical, porque escolhi viver no Bem, radicalmente...

Não quero saber o que as pessoas pensam ou deixam de pensar, porque o que me interessa é o que o meu coração sente, a direção que ele me norteia.

Sou fanático. Decidi ser absoluto, sem dúvidas, e nisso reside minha força para encarar qualquer situação, qualquer contratempo.

A Luz da Verdade está em mim, e é assim que eu me faço, é assim que eu me abro para vocês e para o Universo.

É assim mesmo que sou!

Quero ser uma pedra na vidraça dos descrentes.

Quero chegar inteiro, marcando minha presença.

Quero a presença concreta, apesar da minha "invisibilidade" física para vocês. E é assim que eu me apresento agora, trazendo comigo a certeza do invisível, que é o concreto e a grande prova da eternidade.

Minha gente, se quisermos a felicidade, temos de ser muito superiores às nossas ilusões, muito maiores que nosso orgulho.

Para sermos felizes, temos que enfrentar o monstro da vaidade e dos desejos fúteis, isso tudo que adquirimos ao longo da vida e que agora insiste em nos dominar com muita força.

É preciso superar tudo para podermos ter o direito de viver na sinceridade e na verdade. Para podermos viver lá no fundo do nosso coração.

A sociedade em que vivemos é muito orgulhosa.

O povo todo vive numa hipocrisia "danada de perniciosa", na falsidade, representando papéis, correndo atrás de poder e "status". É um mundo de aparência, de futilidade sem tamanho.

Estão todos na infelicidade, na doença, nos problemas terríveis, e ninguém quer acordar para a Verdade, para a realidade.

Mas vocês que me conhecem, por favor, despertem para isso e não deixem suas vidas seguirem nesse caminho espinhoso.

Mesmo que vocês não consigam se libertar de tudo de uma única vez, pelo menos assumam um compromisso, assumam a disposição interior de, aos poucos, irem se transformando. Façam esse serviço para vocês, deem esse grande presente para suas vidas.

O orgulho só vê perigos, negatividades e empecilhos. E quando vocês se derem conta, já estarão todos trancados, travados e reféns de muitas armadilhas. Estarão enrolados em uma vida que não tem nenhuma alegria, nenhum gosto bom.

Por causa do orgulho, vocês se sacrificam, sempre escondidos atrás de uma desculpa.

Vamos ver alguns exemplos? Vocês se escondem atrás da família, do poder, da aparência, da posse, dos desejos de ter um marido ou uma mulher ideais; fragilizam-se por medo disso e daquilo, e tudo o mais que nem vale a pena lembrar.

Vocês vivem muito em função dos outros, e se esquecem do compromisso de viver suas próprias vidas.

Gente, vocês estão encarnadas para aprenderem a levar sua alma para a frente, para a Elevação Espiritual. Não brinquem com esse compromisso, não. Não facilitem!

Vocês já aprenderam que cada um deve levar sua vida e acreditar que Deus está orquestrando em favor de todos! Não é assim a postura de um espiritualista?

> "A troca dos **benefícios**, **uns pelos outros**, certamente **existe**. Mas não significa ficarmos vivendo a vida dos outros e muito menos deixarmos que os outros interfiram na nossa."

A promiscuidade faz muito mal à espiritualidade, pois é a manifestação do orgulho. E o orgulho tem um poder danado de nos possuir, fazendo de nós escravos do mundo.

A libertação espiritual acontece quando largamos esse orgulho e nos emancipamos.

Minha gente, muita atenção, a emancipação não é realizada externamente, não é uma atitude que acontece no exterior da nossa vida. É uma atitude interna.

Tem muita mulher, por exemplo, pensando que se emancipar é arrumar emprego fora de casa, ser independente financeiramente ou ser intelectual e culta. Mas não é nada disso, não. Trabalhar fora, estudar, tudo faz parte do crescimento de qualquer pessoa, seja homem ou mulher. E tudo isso não resolve o emocional, o afetivo, pois tem muita gente trabalhando, estudando, independente financeiramente, que continua infeliz.

A verdadeira emancipação, a que eu me refiro, é a libertação da alma, a aquisição da Verdade interior, que nos coloca acima dos desejos, fora do alcance da hipocrisia humana e de todas as mentiras criadas para manter as pessoas falsamente unidas e dependentes entre si.

A emancipação, porém, está acima de todas essas arapucas.

Emancipados são aqueles homens e mulheres que tiveram a coragem de serem verdadeiros, sem medo de questionamentos ou cobranças. São aqueles que deixaram de "fazer média" com a sociedade, que não mais contemporizam, que não mais sufocam o seu espírito com máscaras de falsas bondades.

São homens e mulheres livres e com muita graça e vontade de viver.

Então, minha gente, é bom sair das ilusões, mudar tudo e transformar a vida.

Se vocês não se tornarem diferentes por uma causa própria, ninguém poderá fazer nada a seu favor.

Lembrem-se de que a única mensagem do verdadeiro espiritualismo é essa: a libertação do espírito e da essência de cada um.

O caminho é a Verdade do ser humano e não a mentira da ilusão.

Olha lá, hein, fiquem muito atentas, muito espertas...

Se vocês estão acostumadas a viver na hipocrisia, fingindo que são as "bonitonas", vocês estão na verdade, no fundo do poço, por mais que acreditem no contrário.

Se estão lutando pelas aparências, estão numa prisão, e jamais poderão ser felizes.

Qualidade de vida é realização e a felicidade só caminha junto à Verdade.

Então, agora, vamos abrir os nossos corações e fazer juntos uma corrente.

CORRENTE DE
AMOR PELA **VERDADE**

"Eu gosto de gostar!

Quero gostar de ser bom.

Quero gostar de ver e ser positivo.

É tão bom quando temos no coração o desejo do Bem.

Então, quero desejar que todos estejam no Bem.

Que todos aprendam, que tenham sorte e felicidade.

Que todos se encontrem.

Que todos os recursos divinos possam abençoar as pessoas, principalmente nas horas mais difíceis.

E esse conceder é um 'remedinho' para o coração.

Chega de tanta luta comigo e com o mundo.

Vou descansar um pouquinho no meu peito.

Lá, onde eu possa gostar de sempre estar.

Vou sentir uma coisa boa, um descanso de tantas guerras, de tantas negatividades.

Será como esvaziar a cabeça e não pensar em nada.

O hoje é apenas um agora momentâneo, é só o que é.

Meu pensamento me larga e permito-me sentir o calor de dentro, o carinho, o Ser em mim de verdade.

O Ser que deseja ser livre, andar por esta cidade, sentir as diversas sensações, fazer todas as coisas, expressar-se e contatar-se com o mundo.

Sentir esse Ser caminhando livre de todas as bobagens da vida, das bobagens dos outros.

Livre para sentir, livre para se expressar, livre para gostar.

Vou resgatar agora todas essas possibilidades, não vou deixar o meu coração fechado, refém da raiva do mundo e de todas as coisas que feriram o meu orgulho.

Não quero não, nada vale a pena!

Quero me libertar neste instante, da minha infância, da minha adolescência, sei lá do que mais, de tudo o que me prende à essa vida mundana.

Quero me libertar da briga de ontem, da bobagem do meu ciúme, dos meus desejos ilusórios.

Ah! Eu não quero mais nada disso, não.

Eu Sou eu, quero ir para a frente sem brigas, sem dúvidas e sem medos. Não estou mais preso a nada e a ninguém.

Ah! Falem e pensem o que quiserem de mim, porque eu quero sossego na alma.

Quero o silêncio revelador das minhas Verdades.

Vou ficando nesse meu carinho gostoso, nesse entendimento, nesse apoio, nessa minha boa vontade para comigo, nesse amor próprio e único.

Ah! Tem muita gente boa como eu neste mundo. E é com essa gente boa que eu vou me conectar. Seja encarnada ou desencarnada, eu quero me aliar às boas energias.

Quero me conectar com todos aqueles que têm coragem de vencer os seus orgulhos e de se abrir de corpo e alma para o mundo.

Quero entrar nesse rol, quero somar com todos vocês.

Porque agora eu sinto vontade de viver, vontade de Ser, vontade de experimentar o abandono das ilusões.

E eu estou me permitindo tudo isso, sem nenhum medo.

Vou em frente, quero viver, de dentro para fora.

E estou calmo agora, no meu aconchego.

Estou acima de tudo e de todos, com o peito liberto e leve.

Estou na Luz do Bem, na alegria de estar vivo.

Nessa alegria eu permaneço fazendo tudo e vivendo, olhando para todos, sem esquecer que pertenço, a partir de agora, às correntes da Forças Superiores do Bem Maior".

A MENTE
E O ESPÍRITO

De nada adianta a gente ficar na vontade de ser o que não é, de mudar para ser igual a outro qualquer, de conquistar coisas do mundo que não são para nós, sempre levados que somos pelos apelos da nossa mente.

"Somente o **nosso espírito** toma conta de nós, somente **ele sabe** o que é bom para nós."

Mas muitas de vocês, na dispersão, no desespero, ainda ficam rezando, ajoelhando-se e mendigando ajuda. É claro que rezar acalma, porque, na verdade, quando vocês estão se direcionando a Deus, estão se direcionando ao Espírito da Vida e, ao se voltarem para essa Força Suprema, pedindo uma proteção ou alguma coisa a mais, vocês já começam a se acalmar.

E isso pode ser bom, nutritivo.

Mas para que o Espírito da Vida funcione e atenda aos seus chamados, é preciso muito mais que uma simples "reza", que quase sempre é movida mais pelo desespero do que pela verdadeira união com o Superior.

É preciso que vocês entrem em sintonia com a paz.

"Nos momentos
de desespero,
não adianta pedir,
pois nada anda,
nada é ouvido ou atendido.
Vocês têm de **chegar na paz**,
porque a boa pressa,
o bom tempo, é aquele
que as levam para a paz."

Entenderam?

Só então, quando vocês estão na paz é que o espírito se manifesta, seja o espírito de cada um, seja o Espírito da Vida.

O mundo espiritual é uma calmaria, um equilíbrio só, e nunca é acionado quando a nossa mente está transbordando de excitação ou está no turbilhão do desespero das nossas angústias.

Sabem por quê? Porque a mente causa emoções e desequilíbrios, a mente causa desejos confusos.

Mas quando a mente se acalma, quando colocamos calma na nossa cabeça, podemos nos equilibrar, deixando, assim, de aceitar seus tormentos e seus comandos.

Mas para praticar isso, é necessário que vocês tenham o domínio da mente.

Dominar a mente, minha gente, é um exercício constante, diário; é como regar uma plantinha, com toda a delicadeza e carinho.

Há caminhos e caminhos, mas eu vou aproveitar a oportunidade e ensinar-lhes um bom exercício de equilíbrio.

Então, vamos lá? Prestem atenção e se dediquem com muita paz:

"Eu não vou aceitar
essa negatividade,
eu não vou aceitar
que tudo quer me matar,

que tudo quer me perder,
que tudo quer me pegar,
que eu vou cair e perder tudo o
que tenho... tudo, tudo, tudo!
Eu não quero aceitar
toda essa ruindade que está se
formando em volta de mim.
Sei que tudo não 'dá em nada',
sei que só me prejudica.
Posso, nesse momento,
não saber com muita clareza
o que tenho a fazer,
mas sei que é hora de
**me recolher para dentro,
no meu espírito,
e me acalmar.**
Porque o que eu
não puder fazer,
o Invisível poderá,
e o Espiritual é o Invisível".

Agora, minha gente, que vocês estão mais "cal-minhas" e confiantes, mergulhem comigo nesta conversa para entenderem as diferenças entre o *seu* mental e o *seu* espiritual. Só desta forma é que con-seguirão dispersar a pressão interior do mental e se conectar com o espiritual:

A mente cobra, a mente quer conversar, dialogar e confundir. A mente quer trazer assuntos daqui e de lá, quer cutucar, ferir. A mente dá coceira aqui e ali.

A mente é bagunçada, é filha e fruto da educação e, há muitos e muitos anos, coloca-as nesse tormen-to. Ela as obriga a ser muito responsável, seja pela vida dos filhos, pelo trabalho, pelo dinheiro, seja pelo que vocês devem e precisam fazer pelo futuro.

É muito tormento mesmo, e vocês, para com-plicar ainda mais, acreditam que preocupação é responsabilidade.

Eu já acho que a responsabilidade pode e deve existir na vida de todos nós, mas sem nenhuma preocupação.

A gente pode ser responsável "na base", traba-lhar "na base", que vocês chamam aí de estrutura, não é?

A gente pode estar muito firme, muito seguro, muito empenhado, mas não deve nunca levar essas atitudes para o lado da preocupação.

Pensem bem, dentro de vocês há todas as respos-tas, então, reflitam e acalmem o seu Ser neste instante de reflexão. Larguem um pouco o mundo que as afli-ge, não seguem nada de aflição dentro de vocês.

E nada de pensar que o dinheiro está "curto", que está acabando e que vocês têm muitas contas para pagar.

Larguem um pouco, permitam-se relaxar.

– "Mas Calunga, eu tenho um problema para resolver e amanhã tenho uma coisa muito importante a fazer..."

Larguem, eu disse, larguem um pouco mais... relaxem, não pressionem, não se cobrem, não se atormentem.

– "Mas Calunga, ouve as minhas preces, eu tenho uma lista de pedidos a fazer..."

Vocês nem pensem em me fazer pedido algum!

Larguem, larguem tudo...

Eu escuto todos os seus pedidos, mas não faço nada, não as atendo, não!

Larguem e larguem... tentação, não adianta me pedir nada...

Quem pode fazer alguma coisa por vocês, quem pode atendê-las é o seu espírito, não eu.

A gente daqui, às vezes ajuda suas mentes a esvanecerem um pouquinho para dar-lhes um pouco de paz, mas é só pela educação, pela conscientização. É a Essência divina de vocês que age na vida de cada uma, e vocês já estão bem "grandinhas" e bem educadas para começarem a procurar dentro de si mesmas os caminhos que as levam até Ela.

Prestem muita atenção no que está lhes acontecendo. Se suas cabeças estão confusas, é bom soltarem a cabeça e aliviarem seus tormentos.

Eu queria muito que vocês soltassem um pouco suas vidas, deixando-as correrem mais livremente.

Vamos, soltem um pouco só... tentem agora! Soltem suas lutas.

Não é para relaxarem no sentido de serem vagabundas e irresponsáveis, não. Nós estamos juntos neste momento, procurando apenas uma atitude melhor para as suas coisas.

Nós estamos trabalhando, atuando no nível espiritual, interiormente.

"E não adianta vocês entrarem nessa de repetir muitas 'Ave-Marias e Pai-Nossos' como papagaios treinados, e muito menos fazerem promessas.

É a postura interior que abre as portas para o Espírito divino, é a paz na mente."

Desapeguem-se de suas críticas, concedam o perdão a si mesmas e a todos que as cercam.

Está certo que na hora que as coisas "ficam pretas" ficamos muito irritados, mas depois, rapidinho, vamos aprendendo a largar. Largar a raiva e não acumular o desespero e o ódio na mente.

Não acumulem nada de negativo dentro de vocês, minha gente. Não acumulem nem raiva, nem medo e muito menos desejo de vingança.

Vocês acumulam essas ondas negativas e acham que estão se protegendo com elas. Mas isso não é proteção, não, é desequilíbrio e crença na maldade. É verdade, é acreditar na maldade. Na sua maldade e na maldade do mundo.

Assim não dá, não, e essa atitude não leva a nada.

Nós só estamos protegidos na vida pelo nosso espírito. Vamos ficar com ele, aconchegados no seu silêncio, no seu interior.

Repousem de tanta tarefa inútil, de tanto tentar fazer para ver se alguma coisa dará certo.

Mas não se enganem, não é para deixar de viver, não. É apenas para aprenderem a fazer as coisas com paz, muito gosto e prazer.

Vamos lá, gente, vamos acordar para a realidade da vida.

Parem com as discussões em suas casas. Discutir não adianta nada, não vai consertar nada. Mas também, se vocês não resistiram e entraram na discussão, acabem com ela ali mesmo, e esqueçam tudo, desapeguem-se. Já que vocês brigaram, está brigado; já que falaram tudo o que devia e o que não devia, está falado. Mas se esqueçam de tudo, desapeguem-se.

Desapeguem-se do que fizeram ontem, do que fizeram hoje, do que fizeram na semana passada. Tudo isso já se foi, já passou. Desapeguem-se também dos planos que têm para amanhã.

Esvaziem suas cabeças, não se preocupem com o que aconteceu, pois não foi nem certo nem errado. Foi como deu para ser feito.

Vamos pensar assim, é melhor para todos, principalmente para vocês que estão procurando novos caminhos de paz interior.

> ## "Na vida, não tem essa coisa de certo ou errado.
> ### **Tudo é o que deve ser**. O que importa é ficarmos na paz interior para sentirmos o espírito e a sua ação sobre nós."

O que importa é soltarmos a pressão sobre as nossas testas, é soltarmos as dores, as preocupações e os medos, e continuarmos a vida tranquilamente.

Pensem que neste momento vocês estão "em vocês", comungando consigo mesmas, confortavelmente e em paz.

Esse mesmo estado de equilíbrio que vocês alcançaram agora, é preciso que seja mantido em todos os lugares que vocês estiverem, em todos os momentos de suas vidas. Seja dentro de casa, lá fora no trânsito, no trabalho, no passeio, não importa, pois quem consegue contatar por um instante a paz interior, saberá mantê-la infinitamente. Com inteligência e disciplina, é claro.

É preciso mudar suas vidas, e eu sei que estou ensinando "bonito" para vocês. Vocês sabem, não é, eu já deixei de ser modesto há muito tempo...

Comecem então a mudar amanhã. Amanhã vocês vão acordar e ter um dia especial. Tudo será igual aos outros dias, mas a grande diferença será a paz conquistada agora.

Se vocês fizerem as coisas com calma ou rapidez, se tiverem poucas ou muitas atividades, não importa. O que importa, e é necessário, é que sempre que estiverem fazendo qualquer atividade, repitam mentalmente a palavra **Paz**.

Façam tudo o que tiverem de fazer, mas na paz, não se metendo nas energias do mundo e não dando importância às cobranças de suas cabeças.

Mantenham-se na própria energia, pois essa é a sua melhor força.

Por favor, não se metam a ser um reflexo do ambiente, sejam o reflexo de vocês mesmas dentro dos seus próprios limites. O ambiente pode estar confuso, mas vocês estão na calma, na paz. Não se contaminem pela confusão. O ambiente pode também estar muito monótono, até pesado, mas vocês devem ficar no seu dinamismo.

Reflitam as circunstâncias e acreditem que vocês são um grande e perfeito ecossistema. E dentro desse ecossistema único, vocês podem viver e fazer as coisas do seu jeito particular.

Esse é um exercício de controle do seu ambiente interior, por meio do freio do mental e do alheamento ao ambiente exterior.

Esse controle vai exercitar o poder de disciplinar suas mentes, vai permitir que vocês atinjam o seu espírito, e assim encontrem condições para sustentar a grande e maravilhosa Luz que as acompanha.

E vivam infinitamente nessa felicidade finalmente alcançada.

Eu aqui, quero muito, mas muito mesmo, que vocês vivam a felicidade. Que vocês vivam a beleza que tem dentro de vocês.

Mas para isso, vocês sabem, é preciso percorrer o caminho para encontrá-la, e tratá-la com muito cuidado, carinho e principalmente, disciplina.

Dediquem-se, ajudem-se, assistam-se. Esforcem-se para terem essa postura interior. Não deixem que o ambiente agarrem-nas, desapeguem-se do ambiente.

Desapeguem-se da realidade confusa. Vocês sabem que a realidade está lá, vocês estão convivendo com ela sem negá-la, mas vivam desapegadas dela, sem valorizá-la excessivamente.

Desapeguem-se da dor, do sofrimento e da ideia da morte. Tudo isso é real, é certo, mas não precisa ficar grudado em vocês. Não se obriguem a agir como todos, e lembrem-se de que o seu autorrespeito é uma atitude muito íntima, e começa com as escolhas que vocês fazem.

As pessoas um pouco mais esclarecidas já sabem respeitar o ambiente, mas o povo aí fora acha que respeito é o mundo fazer tudo o que eles querem.

Se não fazemos os seus gostos, eles todos se sentem desrespeitados e traídos por nós. Mas não é assim, não, respeito é outra coisa.

Fiquem na sua paz, a sua paz dá poder e grandeza.

Sua paz as transforma numa cápsula hermética, fechada, onde a maldade não penetra, tornando o caminho mais fácil de ser percorrido. Os seus ouvidos deixam de escutar os barulhos das suas cabeças, e se ligam mais nos seus próprios espíritos.

E a loucura do mundo fica muito distante.

A paz de vocês permite que todas enxerguem os seus espíritos pelas barreiras das ilusões e das vaidades humanas, desvendando os mistérios dessa rede que é a diversidade das pessoas.

Por tudo isso a paz é o silêncio ativo.

Por meio da paz, nós agimos e nos equilibramos na consciência constante da lucidez que, presente em nós, permite que façamos todas as nossas escolhas.

Se uma pessoa ou energia exterior tenta se aproximar de nós com ameaças, se algum fato negativo nos ronda, nós podemos então nos conectar com essa lucidez presente e decidirmos como reagiremos, como nos defenderemos.

Essa lucidez permite que nós não mais ajamos mecanicamente ou movidos por emoções momentâneas. Nós passamos a agir por nossa própria escolha, conscientemente.

Assim, a partir de agora, vocês já estão treinadas e conscientes, e quando algo acontecer ou ameaçá-las, perguntem-se como será a sua melhor forma de atitude ou reação.

Afinal, nada no mundo tem apenas uma forma ou uma possibilidade. Tudo é como as diversas pessoas vêem, de acordo com os seus referenciais e sua lucidez.

> ## "Cada um de nós faz a **escolha** pelo livre-arbítrio, assim como cada um de nós vive das **consequências** dessas escolhas."

A lucidez plena deve ser cultivada todos os dias, por esse motivo é preciso praticar diariamente os exercícios dessa lucidez plena.

Atenção, minha gente, paz e centralidade em si mesmas. Sempre em si mesmas.

Atenção, mais uma vez, paz e centralidade é o que vai fortalecer o interior do seu Ser. Por meio desse fortalecimento é que o seu espírito vai encontrar todas as condições favoráveis de emergir, com total naturalidade, sabedoria, criatividade, conhecimento, alegria, esperteza, felicidade e amor.

Vou me despedir com muita alegria, porque confio que vocês vão fazer o que lhes pedi, que é exercitar as possibilidades de se aproximarem dos seus corações e dos seus espíritos, e melhorarem muito.

E sabem o porquê de tanta alegria?

Porque eu sei que se vocês procurarem com interesse, dentro dos seus corações, os seus espíritos vão reagir e emergir de verdade.

Eles começarão a trazer ajuda para que a transformação de vocês aconteça mais rapidamente, e vocês iniciarão um processo renovador, com muitas mudanças e melhorias pessoais.

Talvez vocês descubram que não são o que pensaram ser até então, e que não serão o que desejam ser, mas vocês vão se sentir muito melhores, renovadas, reencontradas, reconstruídas, emocionadas, motivadas e, principalmente, sensíveis à vida.

Vão se sentir despertas para o novo, para a realização de todos os seus potenciais, independentemente da idade de cada uma, pois sempre é tempo de renascer para a vida.

Vocês vão renascer definitivamente para as coisas do espírito, transformarão suas personalidades e aproveitarão cada vez mais esse "vidão" cheio de oportunidades.

E acreditem mesmo, isso não é pouco, e tudo é possível quando se tem vida.

O PODER DO ESPÍRITO

Para fazer uma renovação na mente, é preciso primeiramente largar o passado e desapegar-se de tudo e de todos.

Quando a gente não se desapega, não se renova, não abre possibilidades para o novo.

E como o nosso corpo sofre com a falta de renovação!

Não só o nosso corpo físico, mas principalmente o nosso corpo energético e espiritual.

É por esse motivo que todos nós morremos sem experimentar uma vida plena.

Muitas vezes, a renovação é feita por meio de uma grande dor, pois quando ficamos paralisados no passado, o nosso espírito adoece o nosso corpo para ativar uma nova consciência ou uma transformação vital.

Quem tem maturidade espiritual suficiente para entender os sinais é capaz de se superar, mas muitos acabam desencarnando pela ignorância.

"A vida astral,
por meio do nosso espírito,
vibra constantemente em nós,
emitindo **os** seus
sinais de alerta,
ou para a nossa
retomada **da vida**
ou para a nossa partida."

Pois é, eu continuo a falar sobre esse assunto, porque é inesgotável, mas vou seguindo com vocês, para o seu entendimento.

Então é assim, eu repito: nós temos mesmo que nos entregar para o nosso espírito, para usarmos os seus poderes. E vocês estão cansadas de saber quantos poderes o espírito tem sobre nós.

Vez ou outra, num dia de inspiração, a gente faz uma coisa muito boa e grita:

– "Ai, eu fui o máximo, eu fui ótimo".

Fiquem sabendo que quando vocês agem e falam assim, que foram o máximo, que fizeram uma grande coisa, é certo que tudo foi motivado pela manifestação do seu espírito.

Querem uma prova? Experimentem fazer igual outra vez, na vaidade. Vocês não vão conseguir, não mesmo!

É como uma boa piada, uma boa "tirada". Vocês tentam repeti-las e não conseguem, pois foi uma manifestação natural do espírito, e só o espírito é espontâneo.

Então, somente a nossa total entrega ao espontâneo é que faz com que o nosso espírito se manifeste com mais frequência pelas nossas atitudes.

É muito curioso o nosso espírito.

> ## "Quanto mais a gente perde para ele, mais ele se apodera de nós, e quanto mais ele se apodera de nós, mais ele nos dá **o poder**, mais ele nos dá as opções **de escolha**."

É também muito interessante observar como o espírito gosta da nossa total submissão a ele. Quanto menos a gente pede, mais a gente tem; quanto menos a gente quer fazer, mais ele faz; quanto mais a gente se entrega, mais ele assume; quanto menos a gente deseja, mais ele dá.

É tudo ao contrário, minha gente, não adianta insistir com o espírito, não adianta brigar com ele.

A nossa mente tem a ilusão de que quer fazer alguma coisa, de que pode decidir sobre o nosso querer. Mas, na verdade, quanto mais a gente abandona e solta, mais seguros ficamos, mais o espírito nos dá segurança. Quanto mais a gente larga e não se importa com provas, mais certezas ele nos oferece. Quanto mais a gente solta, mais a gente tem.

Essa é a Lei do Espírito. E não sei se é para nossa alegria ou para nossa tristeza, já que temos um vício danado de querer controlar tudo por nós mesmos, pelo nosso mental.

É por tudo isso que eu sempre penso que tenho um medo danado de dizer para as pessoas que temos de nos ligar ao espírito. Elas podem compreender erroneamente e forçar a situação, achando que têm de se ligar "na marra", na força e até na contrariedade.

– "Ai, meu Deus, o Calunga falou que eu tenho que achar o meu espírito para me ligar a ele. Ai, meu Deus, eu não posso morrer sem o meu espírito, porque eu vou para o inferno."

Mas, minha gente, por favor, não é nada disso, não. O que eu quero dizer de verdade, o que nós aqui do astral queremos passar para vocês, é a ideia de libertação, da soltura, a ideia na crença no infinito, é a ideia de se desmanchar por dentro.

Desmanchar a mente, minha gente, desmanchar os planos e os projetos, desmanchar os limites do aceitar e do não aceitar, desmanchar toda essa impertinência.

E como vocês são impertinentes e indisciplinados!

– "Porque eu quero só assim, não quero "assado"; porque eu não aceito isso; porque "tô" louca para fazer justiça; louca para resolver os problemas de todo mundo; porque eu sou muita ação e não posso ficar parada, esperando."

Por todas essas fantasias é que o espírito não se revela. Muita regra, muita linha de atuação, e ninguém se permite, ninguém abre uma brecha para a espontaneidade do espírito.

– "Mas como é a disciplina então, Calunga?"

"A **disciplina** é a consciência interior. Quando estamos na consciência **interior**, ela mesma nos disciplina, ela nos **guia**, ela nos maneja."

E a disciplina não precisa da nossa mente para fazer tudo isso, não.

A mente apenas trabalha para ela, e não o contrário.

É até engraçado dizer: "Ah! eu tenho que perdoar essa pessoa, eu tenho que gostar daquela outra, eu tenho que ter paciência com esse aqui, eu tenho que isso e aquilo".

Mas na verdade, nada disso vale. Nada disso vale, eu tenho que desapontar e contrariá-las.

Vocês fazem tanta força para ter uma moral, uma conduta boa e adequada, boas intenções, e nada disso resolve, não serve para nada.

É o espírito que vai dar paciência a vocês, e isso acontece somente quando ele quiser, quando ele achar que vale a pena.

O "negócio", então, é se entregar para somar e se tornarem dois. Um é você e o outro, o espírito. Tudo depende dessa entrega, dessa soltura.

Então, vamos agora entrar num pensamento bom, num pensamento de entrega e de soltura, para aumentar a nossa afinidade com o nosso espírito.

Vamos nos entregar um pouquinho mais, minha gente. Quem sabe a partir de agora vocês fiquem mais próximas, quem sabe o espírito de vocês se aproxime, mostra-se mais, e vocês se sintam mais dentro de vocês mesmas, mais seguras e mais fortalecidas.

Fechem os olhos, e quem sabe vocês consigam se sentir mais centradas e encontradas consigo mesmas, mais preparadas para enfrentar os seus desafios na vida, os seus desafios interiores.

Nesse silêncio que vocês se colocaram, eu peço agora momentos de interiorização.

Eu sei que é difícil pedir para que vocês tenham mais confiança na vida.

Eu sei que a vida, de uma forma ou de outra, traz decepções ou que vocês também decepcionaram a

164

própria vida. Eu sei que ainda existe muita coisa que vocês não entendem, mas sei também que vocês têm agido de coração e com as melhores das intenções.

E que também se cansam e se aborrecem com suas frustrações.

Mas tanto eu, quanto vocês, nós todos precisamos de muita paciência conosco mesmos. Muito carinho, muita consideração com este Ser que somos, muito complexos, mas poderosos, dormindo ainda, iniciando devagar um processo de despertar.

No carinho do seu silêncio, na escuridão dos seus olhos fechados, na intimidade deste momento, abracem a si próprias como pessoas que oram e confiam.

"Orar, na **verdade**,
é fazer com que
a nossa mente possa estar
de tal modo silenciosa,
que seja capaz de sintonizar
melhor o nosso interior,
esse misterioso
e desconhecido interior.
Esta coisa desconhecida que é
a **vida que pulsa** em nós."

E sintam então, vocês em seu Ser, numa entrega íntima. Numa entrega de lutas, sem precisar lutar, numa entrega de disputas, sem precisar disputar.

Na entrega do roteiro, sem precisar ser a primeira, na quietude, como quem nada precisa, mesmo sabendo que precisa de tudo.

A necessidade é do espírito, não é nossa. É o nosso espírito que necessita, agita, cogita, busca, faz e realiza.

Então, deixem nas mãos deste mistério interior a sua dor, a sua falta de amor, o seu estar perdido e necessitado. Não assumam, não assumam que vocês devem qualquer coisa que seja, apenas relaxem e se entreguem.

Não "carece" pelejar.

Fiquem na segurança de uma pequenez imensa, nas mãos grandiosas deste Ser misterioso que a todos anima. Reconheçam com humildade a sua inferioridade, o seu limite, dentro dessa imensidade que é o escuro e o desconhecido, nesse infinito amigo que a todas acompanham em silêncio.

Repousem no seu peito, como se mãos carinhosas as abraçassem, amassassem, mas as soubessem e as reconhecessem por inteiro. Mãos que sabem até muito mais do que vocês podem saber sobre si mesmas e, por esse motivo, têm a responsabilidade de mantê-las, guiá-las e fazê-las acontecer; como também de fazê-las esperar com sabedoria, para depois elevá-las e conduzi-las. Mãos que têm o poder de reduzi-las ao que tenham de ser reduzidas, de aumentá-las ao que tenham de ser aumentadas, de fechar as portas de muitos caminhos, e também de abrir tantas outras, com carinho e amor.

Acomodem-se no silêncio do seu Ser, vivam acostumadas nesse leito de mistério, aconchegadas no pensamento do nada saber e do tudo ter que ser revelado na hora certa.

Mas fiquem aí, paradas, sem precisar esperar, porque a espera não leva a lugar nenhum.

"Ficar é apenas deixar
que tudo passe infinitamente
e **escutar**
esse silêncio revelador.
O silêncio está repleto
de agitações não físicas,
de movimentações não sentidas
e de vozes não ouvidas."

Soluções estão sendo tomadas na medida das suas necessidades.

A vida caminha, levando-as para a eternidade, com uma precisão jamais alcançada pela sua visão, e jamais compreendida pela sua razão.

Repousem e entreguem-se para a vida, a sua própria vida. Não lutem, não sejam, nada façam.

Deixem fazer, observem o que vem, esclarece, se mostra, exalta e traz o potencial dormente.

Deixem que tudo venha, não façam nada.

Sejam simples, humildes e pequenas em si, cedendo docemente ao conforto do espírito, que as "cutuca" levemente, as desperta do agito, e as conduz pelos seus caminhos.

O "eu fazer" é o espírito fazendo, sempre, sem pensar. Não há preocupações, não há medos de errar. O medo é o mal, e o mal é o desconhecimento das possibilidades do espírito.

Por esse motivo, a pureza é a consciência de um Bem, do espontâneo que emerge conduzindo a todos para a sua realização. Bem que concede para tudo e todos e, principalmente, para vocês, o perdão.

Doem, deem, larguem e soltem suas amarras.

Abandonem este Eu desesperado e cheio de morte que pensa num fim ou num começo, que pensa na dor com muito apreço, e que nega sua própria vida.

Esqueçam a ferida, o passado, a briga, o tempo perdido ou o tempo ganho, a vitória e o aplauso momentâneos. Esqueçam todo o pensamento voluntário, entreguem-se a esse novo instante e, permitam-se, de repente, serem vocês mesmas.

Sempre de repente, sempre sem apegos.

Repentina e espontaneamente. Sempre a alteração sem nada ser alterado, o feito sem nada ter pensado, o sentido sem nada ter causado. Sempre a ação do invisível sobre o visível.

Sejam como o tempo, completamente imprevisíveis.

Isso é ser o espírito, não o aprendido, apenas o desenvolvido; não o certo, apenas o inesperado.

Portanto, calem sua mente, permitindo ser, absorvendo, na quietude, só vivendo. Pois para o espírito ser feliz, basta apenas viver.

Preservem a Paz. Meditem. Façam deste aprendizado uma meditação costumeira.

Diante de qualquer barreira, nada façam. Diante de qualquer conflito, não ajam. Diante de toda a cobrança, não cedam. Diante de cada medo, não acreditem.

Não mudem, não façam, apenas deixem a sua vida nas mãos do espírito.

Usufruam e sintam as transformações mágicas dos mistérios silenciosamente revelados.

Para finalizar, relaxem, porque algo em vocês vai guiá-las para o caminho.

ENTREGUEM-SE À VONTADE DO ESPÍRITO

Todo mundo gosta muito de lutar para mudar de vida, para melhorar, para conquistar todo o tipo de desejo.

Mas não adianta lutar, não. Vocês acabaram de entender essa Verdade, no capítulo anterior.

A mulherada então, está cada vez mais louca para se tornar mais bonita, todas sonham em buscar artifícios para modificarem o que a natureza lhes deu.

Mas eu sempre falo para elas que o melhor é "relaxar", que devem ficar assim "meio largadas" e despreocupadas, apenas se cuidando, isso faz com que fiquem mais gostosas.

É só não tentar ser diferente do que se é, que tudo fica no seu melhor.

– "Ah! Mas eu queria mudar tudo, queria ser bem diferente do que sou."

Pelo amor de Deus, mulherada, desistam. Deixem que o Ser que emerge do seu espírito fique no Bem, na Luz, no seu colorido e na sua beleza natural. Pelo amor de Deus, não trilhem esses caminhos de mudar tudo em vocês para melhorarem e agradarem aos outros. Para vocês melhorarem, basta se cuidar, amar-se, aceitar-se.

Larguem as ilusões e os modelos que atormentam suas cabeças e entrem no vazio, no nada, que tudo de bom atrai.

Vão lá para o vazio do seu peito, vamos! Lá está a sua Verdade.

Larguem a cara fechada, sem brilho, afinal, por que vocês estão fechando a cara? É um tal de fechar a cara, de fechar os braços, de cruzar as pernas; é um tal de segurar tudo em vocês, de se esconder do mundo e dos outros, com um medo danado de se mostrarem como são.

O que vocês estão segurando tanto, o que as assusta tanto? Fiquem gostosas, sintam-se no melhor e falem para si mesmas: "Vou largar tudo, todas as minhas vaidades que fazem com que eu me sinta feia".

Vocês já sabem que quanto mais lutam, menos têm; que quanto mais desejam, menos recebem. Isso acontece porque vocês vivem desconectadas da própria Verdade, do seu espírito.

Mas sabem também que quanto mais se soltarem e se aceitarem, mais vão caminhar livres e felizes na vida, e muito mais virá para vocês.

Vocês têm de compreender esse "mais virá". Não serão vocês que conseguirão esse algo a mais com o "seu esforço", não. Sozinhas, vocês nada conseguirão, muito menos enquanto estiverem nessa sintonia com desejos que as tiram do equilíbrio natural.

Não conseguirão nada! Tudo o que é bom para vocês, simplesmente virá, a partir do momento em que vocês relaxarem e deixarem de lado esse excesso de querer.

Reparem como tem sido essa coisa do "vem" na vida de vocês: marido vem, dinheiro vem, oportunidade vem, solução vem, enfim, tudo vem, independentemente da sua vontade, e somente na hora que tem de acontecer.

Vem!

Eu queria muito que vocês aprendessem a ficar na posição em que "tudo vem", sem histerias.

Para que pelejar, minhas amigas?

Afinal, qualquer caminho é caminho, gente. Por que vocês ficam escolhendo caminhos, hein?

Parem de lutar, parem de correr atrás de ilusões, parem de querer e escolher coisas que vocês acham melhores para suas vidas.

Nada disso vai trazer felicidade. Larguem também da própria ideia de felicidade, porque todas as formas que vocês criam para procurar a felicidade são um monte de ilusões.

> "Não há felicidade
> nas nossas ilusões.
> **Só o** nosso **espírito sabe**
> onde e o que é bom para nós.
> Quando ele age assim, livre,
> ele tudo nos dá."

No começo, a gente até estranha o que recebe, parece que não é bem o que queremos. Mas depois, percebemos que tudo tem muito a ver conosco, que tudo é muito bom, maravilhoso e mágico.

E na paz, na soltura, tudo nos vem de forma fácil. Porque quando é do querer do espírito, tudo bate na porta da nossa casa com a maior facilidade do mundo.

Mas quando não é para ser nosso, quando é fruto do nosso "quero, porque quero", a gente fica pelejando, lutando, matando-se por pouco.

Por muito pouco.

O espírito quer abundância, ele gosta de folga e liberdade. Compromissos são apenas tarefas que nos prendem ao mundo exterior, e não são da liberdade do espírito.

E de que adianta para vocês esta preocupação com os compromissos? Muita dor, não é?

Mas então vem o espírito e mata vocês, mostrando que estão preocupadas à toa.

De que adianta se preocupar com o que não tem solução imediata? O que não tem solução, solucionado está. O que não pode ser feito, feito está.

Não adianta sofrer porque a conta do banco está negativa ou porque o empréstimo venceu. Isso tudo só leva a um enfarto e pronto... morreu e acabou! O banco fica com a dívida, o seguro paga, mas para você, acabou. Então, de que adiantou a sua preocupação?

Pois é, a gente gosta das coisas muito certinhas, não? A gente foge das coisas desonestas. Mas mesmo assim, o espírito traz, o espírito tudo provê na hora certa, não precisamos entrar na fantasia da desonestidade.

Às vezes tem gente por aí que entra na desonestidade para conseguir as coisas, "força muito a barra" até se comprometer. É claro que vai atrair desonestidade, traição, doença, e fazer da vida um inferno de preocupações. Atrai bagunça, desarranjo, desordem e loucura na vida. E o pior é que tudo isso para nada...

Larguem, então, insisto, fiquem no seu espírito. Tudo o que vocês precisam vem do astral. Até lição de vida.

Soltem-se no vazio do peito, deixem a cabeça ficar naquela incerteza gostosa. Esqueçam essa mania de ter certeza, de querer ter segurança.

Eu sei que muitas de vocês ainda vão ficar apegadas e presas até se sufocarem e aprenderem a reagir. Sei também que chegará um dia em que vão falar: "Não, não, não, eu não quero segurança nenhuma, eu não quero me segurar em nada. Vou largar tudo porque estou cansada de me prender".

Por tudo isso parem, não adianta virem com a pergunta: "Do que será o meu amanhã?".

Deixem o espírito tomar o leme, deixem-no guiar sua vida, deixem as forças divinas funcionarem.

– "Mas, Calunga, não fica mal a gente ficar aí, parada na vida?

Que nada, vão fazendo conforme as coisas aparecem, sem muito pensar, sem muito planejar. Vocês vão tocando, vivendo um dia de cada vez. Não deixem suas cabeças atormentarem os seus espíritos.

A cabeça tem que ficar na "boa", na paz mental.

Paz minha gente. Paz.

Paz na sua vida. Nada é mais importante, o resto só faz vocês se preocuparem e sofrerem.

Vou repetir, nada é tão importante que mereça qualquer sofrimento. Nem família, nem amor, nem dinheiro, nem nada.

Tudo é mutável, tudo em instantes vira passado, não adianta tanto escândalo, não adianta tanta certeza da posse e muito menos o medo da perda. Um dia todos nós vamos perder tudo, todos nós vamos ter de abandonar tudo por aqui.

Nada, nada é tão importante que possa causar sofrimento a qualquer pessoa sã.

Não se deixem sofrer, não se deixem sofrer...

Eu fico aqui pensando em quanto eu insisto com vocês sobre esse tema. Não que eu não tenha algo mais importante para passar, mas isso é o básico, o princípio. Quem não conseguir entender, não poderá entender mais nada.

> "Saibam que 95%
> dos seus **sofrimentos**
> **são opcionais**.
> Vocês ficam nessa luta,
> nesse sofrimento,
> vocês se impõem,
> escravizam-se,
> prendem-se,
> acabam-se e
> perdem o gosto de viver,
> só porque teimam
> em fazer escolhas."

Nada vale o sofrimento de vocês, desculpa nenhuma justifica suas ações desnorteadas. Toda desculpa é uma arma da ignorância.

Desapegar-se é ter lucidez.

Limpem a mente para o espírito aparecer, para vocês sentirem o que realmente são. Sentir o "si" que nunca se define, porque o "si" é um espaço, um ponto nesse vazio escuro, uma porta de onde tudo emerge.

Tudo emerge lá do fundo do "si", do peito, buraco escuro e amplo onde habita o espírito.

E quanto mais vocês se soltarem, mais amplo esse buraco se torna, fazendo crescer sua aura e criando a liberdade que acalma o peito e alivia a mente.

Nesse buraco habita o espírito, e é dali que ele sussurra as Verdades eternas. Ele sussurra em forma de sensações, ele fala em sons que ainda não se tornaram palavras. São radiações que, ao atingirem a nossa mente, transformam-se em mensagens significativas e compreensíveis.

"As palavras
são muito pequenas para a
manifestação grandiosa
do espírito.
Sentir, aceitar e respeitar a
manifestação do **sentimento**
do espírito é mais fácil do que
tentar explicar os seus meios.
A melhor comunicação
do espírito é sua ação.
Não a ação mental,
mas a ação radiativa,
a **expressão** da energia,
do Ser."

O Ser é uma grande energia, apenas isso. Uma grande energia potencializada. E é no nosso vazio, na nossa soltura, no nosso desapego que ela se expande.

No lado oposto dessa força, está a nossa mente, querendo criar roteiros, direcionar a nossa vida, querendo soluções imediatas, querendo fazer mil pedidos.

Então, nesse conflito, só nos resta largar o mental, os pedidos, os problemas e as mentirosas soluções.

Tudo é uma grande besteira, não há nada de errado na vida, além do apego às ilusões.

Acreditem no que estou dizendo, gente. Libertem-se da ação, da obrigação e do domínio da sua mente. A mente tem de ir cedendo mesmo que aos poucos, para que ela seja sua serva e venha a ajudá-las na resolução e na observação imediata dos sinais do espírito. A mente tem de se tornar uma aliada, não um algoz.

Todavia, a grande e boa notícia para quem ainda está preso no mental, é que quando o espírito quer, ele desperta na gente uma grande luz, uma grande inspiração, que é capaz de tudo mudar, que faz tudo funcionar dentro de nós. Parece que ele abre as portas de todos os nossos potenciais adormecidos.

Mas para que isso aconteça, é preciso se aproximar do espírito, fugir do abandono e da opção pelo sofrimento.

Eu já disse que nenhum sofrimento vale a pena, e o momento certo de largarmos alguma coisa é no exato instante em que essa atitude começa a nos incomodar, a doer de verdade.

– "Ah, isso aqui está começando a cheirar mal, já está me incomodando, doendo aqui e ali."

É esse o momento de largar tudo... Larguem, então!

Deixem o espírito se ligar a vocês. Soltem tudo, porque "soltinho" dá certo, entenderam?

Vocês vão confirmar que quando "soltinhos", tudo protege vocês, as coisas boas cairão em suas mãos e, mais ainda, muitas outras coisas que vocês nem pensaram viver, viverão; muitas situações que vocês jamais imaginaram experimentar, experimentarão.

Muita coisa interessante vai acabar acontecendo nas suas vidas. Afinal, na vida, nunca sabemos sobre o dia de amanhã, nunca imaginamos o que vai nos acontecer e muito menos onde estaremos.

Deixem a vida ser uma grande aventura, entreguem-se à vontade do seu espírito e sejam felizes e realizadas.

Afinal, esta vida aqui vai acabar logo, logo, para todos, e aproveitá-la muito bem é a nossa obrigação.

A vida acaba rapidamente, então tratem de largar todas as suas preocupações e os seus medos. Uma hora qualquer, rápida e surpreendentemente vocês vão ter que subir, não tem escapatória não.

"Queira sim, queira não, **tudo acaba** num caixão! Queira sim, queira não, **tudo acaba** num caixão!"

Lá numa gaveta; afinal, o fim de todos nós é sermos engavetados, não é? Não adianta sermos pretensiosos na vida, pois todos acabamos do mesmo jeito e em lugares muito parecidos.

"Eta" nós, hein, gente? Agora eu fui mórbido demais, não?

Mas se isso servir para vocês aprenderem o desapego, não faz mal nenhum...

Bem, minha gente, eu dei um bom roteiro para vocês se libertarem e conseguirem ter contato com o seu espírito. É, em resumo, soltar tudo da mente, é largar tudo, é soltar as dores que afligem o peito, é relaxar e ficar só no agora.

É não deixar a mente criar sofrimentos, é desapegar-se de tudo e de todos.

Façam isso todos os dias, comecem em casa. Depois, saiam para o trabalho, entretenham-se por lá, mas não deixem que as perturbações mentais tomem conta de vocês.

É só trabalhar para viver, nunca se matar de trabalhar. É só amar, nunca cobrar nada de ninguém. É só se entreter com as coisas do agora, sem pensar no amanhã, sem criar sofrimentos, sem criar dramas ou preocupações.

Nada vale a pena quando se vive em excessos, com dores e sofrimentos.

Mas atenção, hein, não adianta também largar tudo e ficar cobrando o espírito, ficar perguntando a ele o que e quando as coisas vão acontecer. E muito menos criar roteiros para o seu espírito percorrer.

Se vocês relaxarem, o espírito acabará aparecendo, porque ele está nas frestas, nunca na realidade.

De repente, em uma fresta da sua vida abre-se um feixe de luz e você tem o 'insight", o contato.

O espírito das coisas está sempre nas frestas, espreitando por trás das coisas, sempre nos surpreendendo.

OS CRÉDITOS QUE O ESPÍRITO CRIA

Relaxem e permitam que Deus cuide um pouco de vocês. Deixem que Deus cuida, não é? Não cuidem vocês mesmas.

Vão em frente consigo mesmas, esqueçam-se de tudo, não se prendam à família, aos amores, ao trabalho, enfim não se escravizem seja lá ao que for. Afinal, vocês têm que seguir o seu caminho espiritual.

Se mais gente quiser acompanhá-las, que venha quem ouvir o chamado, mas se ninguém se manifestar, vão sozinhas, trilhem o seu destino.

Mas eu sinto ainda que vocês querem se igualar a todo mundo, querem falar como todo mundo, e entrar nas conversas fiadas do mundo.

Isto é verdade, não? Eu estou sendo injusto com vocês?

Vocês bem sabem que se os seus amigos não as incluem no mundo deles, vocês se sentem até rejeitadas:

– "Por que não me chamaram para essa fofocazinha, por que me deixaram de fora?".

Então, como é que isso fica na sua vida? Vocês querem ficar neste mundo, nessa promiscuidade, nessa perversão, envolvidas por este bando de abandonados por si mesmos? Vocês querem viver neste mundo onde um fala, um se ofende, outro briga, um outro diz que fez ou que não fez, mais um ali envenenando, outro acolá fantasiando? Vocês querem ficar paralisadas nesse diz-que-diz, nessa vida mesquinha e pequena?

Já é hora de vocês tomarem uma decisão diante do seu próprio espírito e escolherem um caminho só para vocês. É uma decisão particular e solitária, que deve ser mantida na sua intimidade, na sua unicidade.

As graças divinas, minha gente, não vão ceder enquanto vocês não se purificarem. E Jesus já falou, primeiro perdoamos os nossos inimigos, desligamo-nos deles, e só depois podemos pedir qualquer coisa a Deus.

Mas eu sei que vocês ainda não estão de consciência limpa para pedir nada a Deus. E eu não estou sendo injusto, não. Estou sendo realista.

Por outro lado, sei também que vocês estão tentando, estão se preparando.

É claro que agora, neste momento, poucas de vocês estão prontas. Talvez na semana que vem, no mês que vem, depois de muito refletir o que eu venho tentando dizer, algumas de vocês engrossem essa fileira de gente consciente e preparada.

Vocês sabem que não é só uma questão de pedir a Deus ou a qualquer outra força. Pedir até pode, mas ter condições de ser atendida é outra história.

"Muita gente acha
que é assim fácil, fácil,
vai o pedido e volta a graça,
mas não é, não.
Qualquer **pedido**
só é **atendido**
quando sai da **mente pura**,
sem malícia,
sem o freio da moral
e dos preconceitos humanos."

E não é que a gente ignore o mal no mundo, as malícias e os preconceitos, não. A gente não é besta e sabe muito bem das coisas. Afinal, temos olhos para enxergar as intenções das pessoas; nós sabemos discernir entre as boas e as más intenções. A gente não é mais bobo.

Eu que sou mineiro, então, enxergo longe...

Mas a gente tem de cultivar a mente pura. Há uma grande diferença entre cultivar a pureza interior e continuar convivendo com a maldade. Nós precisamos enfrentar as coisas ruins, já que é inevitável depararmos com elas. Às vezes, precisamos ser rudes e até duros, porque estamos impondo o nosso direito de defesa. Isso dá para entender muito bem, e não é ruim, não faz nenhum mal a nós.

Mas cultivar a maldade, curvar-se à maldade, isso nunca! Ainda mais para vocês que já têm contato com a Verdade.

Olhem que daqui onde estou, eu fico observando o mundo e vejo quanta gente vive caindo na perturbação, de cara feia, amarrada e magoada.

O pior é que essa praga parece que se alastra. Basta contagiar uma pessoa, e cresce como um rastilho de pólvora. A fofoca corre solta, a maledicência e a "malepensência" crescem demais na boca do povo.

Vocês sabem muito bem do que eu estou falando, não é? Esses acontecimentos no trabalho de cada uma são um horror! Então, vacinem-se rapidinho para não entrarem nessa corrente que as leva rio abaixo, e acaba com tudo o que vocês têm de bom.

A maledicência do ser humano tem um poder danado, derruba tudo, derruba e acaba com tudo, feito um vendaval. Um vai derrubando o outro, e o pior é que derruba com muito prazer.

Então, volto a dizer, não é para vocês ignorarem o mal, é para ficarem muito espertas. O mal está aí perto de todos, e todo mundo tem que ficar atento, mas não ser bobo, entrando na sua energia ou cultivando-o dentro de si.

186

Fiquem na posição de paz e atenção, façam o que precisa ser feito para a sua defesa, para não se machucarem, mas não desçam no nível de quem está chafurdando neste atoleiro.

Façam a diferença, tentem se distanciar do atoleiro para conseguirem subir. Pois será nessa diferença que vocês ganharão os créditos das forças espirituais. Será nessa diferença que vocês terão a proteção da Luz. Será nessa diferença que serão ouvidos e também escolhidos para receber as glórias, as bênçãos e as doações.

"**Fazer a diferença** é, enfim, a tarefa maravilhosa de todos aqueles que amadurecem na responsabilidade mental e não se deixam levar por qualquer ideia menor."

Pessoas diferentes são premiadas com a retidão e a pureza. A retidão faz o indivíduo ter créditos no mundo astral superior. E é somente por meio desses créditos que é possível viver na Paz.

Quando vocês pedem clemência a Deus, para que Ele tire a sua dor, livrem-nas das doenças e das provações, abra as portas para livrarem-nas de uma fase ruim e passarem para um mundo melhor, tudo dependerá do "saldo" do crédito que vocês adquiriram.

Quando vocês fazem suas preces dolorosas e fervorosas, pedem e são atendidas, é porque têm créditos a seu favor.

"Somente os que têm créditos serão atendidos pelas **Forças superiores** com a ajuda do espírito. Esta é uma **verdade absoluta**."

Aqui no mundo astral, tanto as Forças Angélicas Superiores, quanto nós, os desencarnados, que somos ainda pontes das forças humanas, não temos nem o direito nem o poder de ajudar qualquer pessoa sem crédito. As pessoas sem crédito recebem lições, ajuda espiritual para iniciarem o seu autoconhecimento e o seu processo de mudança. E a partir dessas lições elas podem fazer a sua escolha. Isso é muito claro para nós.

Quem trabalha para os que não têm crédito são os Exus, aos quais muitas pessoas desesperadas e desavisadas pagam qualquer coisa para receber alguma ajuda.

Agora, os anjos, os espíritos superiores, conectados com a Verdade Maior, estes não se metem. Os representantes da Força divina maior da Luz não se metem.

"A sombra ainda é 'comprável', mas **a Luz** não é."

Só que quem compra a sombra fica devendo, e devendo muito. Um dia ela vai pedir para ser recompensada e quem a comprou vai pagá-la com muito sacrifício, doando-se completamente a ela e se perdendo na vida.

É esse o sistema daqui. Quem pede ajuda às sombras se torna refém delas, e a elas vão prestar muitos serviços sujos. Não tem escapatória, é a Lei. Não adianta depois dizer que nada deve, que não acredita na dívida, porque elas acabam levando o devedor para onde querem, até o pobre pagar o último tostão.

O mundo das sombras trabalha assim, sem perdão. Quem se meteu com esse mundo está endividado, e Deus não perdoa, não. Não perdoa, e muito menos não se mete nessa confusão para resgatar o decaído, que tem de trabalhar duro para pagar suas dívidas, contraídas pela ignorância do seu espírito.

Mas eu vou dizer também uma coisa muito importante, e sei que vocês vão até estranhar: o mundo das sombras faz parte do Universo dos agentes divinos, porque por meio deles os homens se experimentam e discernem sobre as polaridades do antagonismo da vida. Mas "ai" daquele que optar por ficar nesse Universo sombrio. Não vai ter progresso espiritual, não vai ter nenhum crédito enquanto não saldar centavo por centavo da sua dívida.

Muitas vezes, vocês se perguntam por que o mundo astral ajuda tanto a fulano, aquele empresário rico que já tem de tudo... enfim, aquele indivíduo de sucesso ao qual todo mundo morre de inveja.

Minha gente, sinto informar-lhes que esse empresário de sucesso, primeiramente, tem muito merecimento. Vamos dizer que, "escondidinho", pelo seu trabalho, ele mantém mais de cem famílias, sem fazer alarde. Ele é uma pessoa funcional que se expande para o mundo. Segundo, ele está de bem com a vida e é muito amigo do trabalho, da prosperidade e da riqueza.

Pessoas assim valem muito para o mundo astral, pois se diferenciam da grande maioria que vive na reclamação, na maldade, no ciúme de quem consegue crescer na vida.

Nós aqui gostamos muito de ajudar esse tipo de gente. Quando eles ficam pensando em como resolver seus problemas, em como tomar decisões difíceis, nós os envolvemos com ondas de criatividade e inspiração. Nós participamos das suas vidas cotidianas e dos seus negócios, porque eles têm muitos méritos.

Mas se isso não acontece com a maioria das pessoas, ou é porque elas optaram pela pobreza, ou porque fizeram um pacto com o diabo, aceitando a pobreza como garantia para o Paraíso.

Vocês sabem muito bem disso, não? Eu não preciso ficar lembrando-as sobre as diferenças entre as pessoas que conseguem tudo e aquelas que ficam sem nada, no vitimismo cristão.

E tem outra "conversinha" de vocês que a gente escuta muito por aqui:

– "Ah! Calunga, eu sei que fulano tem uma amante, que ele trai a mulher, mas mesmo assim o danado consegue tudo na vida...".

E daí? Por que vocês não ficam quietas? Afinal, quem são vocês para julgar alguém? Quem disse que vocês são fiéis, completamente fiéis a qualquer coisa que seja? O que vocês sabem do íntimo de cada um? Por que essa mania de julgar? Por acaso vocês também não têm o rabo preso em alguma situação?

É, minha gente, nós aqui no astral convivemos com todo o tipo de loucura e julgamento de vocês.

"Grande parte
dos seres humanos
que vive na frustração,
insiste em não querer
**respeitar
as escolhas do outro**,
só quer julgar, derrubar,
principalmente aquele que faz
sucesso, que está melhor.
Todo mundo quer ser inocente,
mas não perde a oportunidade
de condenar o outro."

Que vício danado...

Isso só as faz perderem créditos e oportunidades.

Gente, vocês também têm de viver para levantar as pessoas, respeitar as escolhas dos outros.

Se alguém tem uma amante, façam de conta que não sabem de nada. Nada de espalharem a notícia, de conversarem com o vizinho. Calem a boca!

E não é por nada, não. Não é para fazerem o tipo "moderninho", é apenas para não entrarem na faixa da maledicência, para não se envolverem no que não lhes diz respeito.

Não há problema nenhum nas escolhas das pessoas. E que não seja a sua boca a se macular, que não seja a sua boca a jogar veneno. Intimidades a gente não espalha.

Quando fugimos da inveja, do muito falar dos outros, vamos construindo o nosso Bem. Isso é uma verdadeira oração, pois, se temos compaixão e respeito pelas escolhas dos outros, fica muito mais fácil pedirmos e sermos atendidos.

Quem participa da cadeia do mal, quem não tem um "pingo" de arrependimento, não pode se aproximar de Deus e de nenhuma força espiritual, porque não constrói merecimento. E sem merecimento não há nenhuma chance de retorno, já que todos os créditos foram perdidos.

E digam sinceramente uma coisa para mim, ou para si mesmas, com muita sinceridade: que provações vocês dariam a si mesmas, que castigos se dariam pelas suas atitudes diárias?

Pensem, se vocês fossem Deus, conscientemente ajudariam alguém que estivesse agindo como vocês vêm agindo? Ajudariam alguém que vive atirando pedras nos outros, assim gratuitamente, sem a menor razão? Será mesmo que vocês iriam ajudar?

Então, minha gente, entendam que Deus nada nega, mas também não compartilha com quem está no erro e na maldade. Deus quer todo mundo no certo, no Bem e na paz.

Mas é difícil se comportar, não é? O mundo é muito perigoso, a mente é muito perigosa. O astral interior é muito ardiloso. E, olhem, essa dificuldade existe tanto para os encarnados quanto para nós, os desencarnados!

Estou falando muito seriamente com vocês, mas também com muita esperança no coração. Espero tocar profundamente na sua consciência, para o seu melhor.

Sei também que quando vocês são educadas, tocadas e despertas por novos valores, e a compreensão é ativada, vocês se tornam diferentes.

O mundo superior quer abençoá-las, o mundo superior quer que tenham uma vida boa, e eu sou um humilde agente deste mundo.

Nada e ninguém quer que vocês permaneçam na ignorância, no sofrimento, com a vida encalhada.

Mas reflitam, aproveitem e reflitam com muita justiça em seu coração. Experimentem agora, depois de ler tudo isso, a mudança, a alternativa de viver melhor. Experimentem e vejam o resultado. Testem.

> "Não façam isso tudo por moralismo, porque quem tem muita moral não tem bom senso, e **bom senso** é uma **virtude do espírito**. Façam apenas por inteligência e tolerância."

Calem-se, desviem seus pensamentos, tomem outros caminhos.

E, olhem, eu não estou pedindo para vocês não verem o mal nas pessoas que as rodeiam. É claro que temos de tomar muito cuidado com tudo e com todos. É claro que temos de saber sentir o perigo, mas é só chegarmos perto dele e sabermos nos afastar, sem nos contaminar.

É compreendermos, tomarmos todos os cuidados e perdoarmos o mal que está no outro, e nos afastarmos, esquecermos por completo essas energias. É sairmos ilesos, sem raiva nem rancor. E também sem julgamentos.

Quando vocês estiverem preparadas para agirem assim, começarão a ganhar todos os créditos. Cada vez que agirem dessa forma, cada vez que deixarem de lado as "fofocas", começarão a acumular créditos e estarão se candidatando para serem atendidas nos seus pedidos e nas suas necessidades.

Nós aqui, eu e os meus amigos espirituais, vamos fazer o possível e o impossível, porque Deus faz o impossível, o inimaginável. Vamos fazer de tudo para atendê-las, para criar saídas e suavizar suas vidas.

Deus pode tudo, e junto conosco, pode mais ainda, pois aqui nós somos os Seus agentes junto aos encarnados.

Portanto, quando vocês tiverem créditos, não terão problemas de proteção divina, de proteção do astral, de orientação e de inspiração espiritual para que as portas se abram para a realização da sua obra.

Mas, insisto, tudo isso é somente para quem "está no crédito", porque aquele que está no "vermelho", nós deixaremos à mercê das suas próprias escolhas e experiências, já que ele só poderá aprender por meio do sofrimento e da dor.

É dessa forma que a vida ensina a noção de responsabilidade.

Eu espero que não pensem que eu estou bravo ou decepcionado com vocês por estar dizendo tudo isso. Por favor, isso não é uma lição de moral, não.

É uma lição de vida, passada com muito amor e respeito, é uma conversa séria, aberta, para dividir aquilo que eu sei e vejo na vida. Com muito amor, respeito e confiança.

Embora eu saiba que não devo, e também não queira me meter na vida de ninguém, eu espero que isso tudo seja de muito bom proveito a todas.

Eu tenho um respeito imenso por todas vocês aí, e eu sei que cada uma tem a responsabilidade sobre si mesma, e que tudo também é uma questão de escolha individual.

Compreendam que o que eu divido com vocês é uma pequena ajuda, para que possam se tornar mais lúcidas, para terem mais informações e refletirem com mais argumentos. Afinal, o objetivo dos nossos encontros é uma troca, e essa é a minha parte.

Fiquem com um grande abraço e com a consciência de que nós aqui deste lado, estamos zelando por todos vocês que caminham no Bem.

Não se esqueçam de que a vida passa muito rápido e, logo, logo vocês estarão aqui com a gente. E eu quero que enquanto estiverem por aí, saibam aproveitar tudo o que a vida tem de bom a lhes oferecer.

Confiem que nós estamos aqui, mas também entendam que nós podemos interceder por vocês, somente a partir do momento em que tiverem créditos. Compreendam essa Lei, estudem, pratiquem e melhorem a cada dia.

Não cultivem ilusões, vivam o mundo, e não deixem o mundo viver em vocês, aprisionando-as nas fantasias.

Sejam vocês mesmas, lutem pela sua melhora interior, saiam da mediocridade, alegrem-se com a vida, aproximem-se da sua vitória, façam, enfim, a "sua" diferença.

Eu, de minha parte, tenho a certeza e a esperança de que vocês terão uma vida mais fácil, mais bonita, e de que, por meio da purificação, enxergarão a espiritualidade.

Sei que quanto mais ouvirem o seu espírito, menos dificuldades terão na vida e mais créditos serão adicionados na sua "poupança espiritual".

A VERDADE INTERIOR E O ENCONTRO DE SI MESMA

O nosso espírito não funciona nem atua movido pelo nosso orgulho, pelo nosso ego. Verdadeiramente, o nosso espírito não combina com a nossa vaidade.

Tudo isso são manifestações temporárias das ilusões que nós nutrimos, e que nos atrapalham muito. Mas, por outro lado, num determinado e curto período de tempo, essas ilusões até têm uma certa utilidade para a nossa vivência, pois nos favorecem no sentido de nos darem muita experiência, muitas sensações diferentes e muitas oportunidades de escolha.

Mas se, a partir do momento em que a nossa lucidez já estiver bem evoluída, e o nosso conhecimento do melhor já nos tiver dado o amadurecimento para nossas escolhas, nós continuarmos presos a esse mundo fantasioso, certamente, entraremos numa crise espiritual muito penosa.

E o que acontece na nossa vida quando perdemos a sintonia com a Verdade do espírito, apesar de toda a nossa evolução?

Muita insatisfação e muitas dúvidas, minha gente.

Vocês não vão ficar satisfeitas com as coisas que até então desejavam e consideravam boas – até é bem provável que conquistem essas coisas que tanto queriam – e, assim, vai se instalar dentro de vocês, um vazio, uma sensação de "falta alguma coisa mais importante".

– "Sabe Calunga, eu tenho tudo o que quero, mas estou com um grande vazio no meu peito. Eu tenho objetivos, tenho ideais, estou indo para a frente, fazendo e desfazendo... Mas não sei, quando paro e olho para dentro de mim, sinto uma coisa estranha... Rezo, tenho fé, mas não é isso. Sei que Deus me ajuda, sei que tenho uma força, mas não estou sentindo essa força atuar, não estou vivendo a minha Verdade. Constantemente uma pergunta me incomoda e até me assusta: 'Quem sou eu de verdade? O que essa Verdade interior quer de mim?'."

Então, minha gente, essa é a crise espiritual instalada dentro de vocês, a crise de que já lhes falei.

"Mas fiquem tranquilas, porque uma boa crise sempre vai dar numa solução melhor ainda, é claro, para quem está procurando **o seu melhor**."

Nos momentos em que vocês estão em conflito, fazendo seus questionamentos e buscando a sua Verdade interior, ela então vai tentando aparecer, ela vai dando sinais de vida.

A grande Verdade interior, aquela "coisa" que nos coloca no nosso eixo, nada mais é do que a vontade do nosso espírito, exercida em nós sem a interferência da vaidade, do ego e do orgulho. É um grande sentimento de compaixão humanitário que nos toma.

Esse sentimento vai aos poucos colocando-nos no eixo das ondas harmoniosas do espírito, e começamos a entrar em uma outra sintonia.

Prestem atenção nas mensagens e nos sentimentos que vão surgindo quando essa Verdade começa a desabrochar em vocês:

"Eu quero amar!

Eu quero olhar todas as pessoas de forma indiferente e entendê-las como seres humanos. Eu quero apenas gostar... Eu quero a simplicidade de não ter o que criticar. Eu quero sentir a aventura e o drama de cada um, e apenas compreender para respeitar. Eu quero estar com essas pessoas em presença de espírito e dizer a elas: 'eu as entendo, eu sei de vocês. Eu não sou do seu sexo nem da sua raça, eu não sou do seu nível cultural, eu não passei por nada do que estão passando, mas as compreendo, porque me abri e fui além das ideias e preconceitos'.

Eu conseguirei olhar aquela criada, aquela empregada, aquele companheiro de trabalho, aquele peão, aquela pessoa de categoria social completamente diferente da minha, aquele chefe, aquele 'ricaço', enfim, conseguirei olhar para toda a diversidade das pessoas e dizer: 'eu estou vendo vocês sem diferenças e sem desigualdades, vejo-os apenas como seres humanos. Vocês todos têm um peito, uma luta, uma ilusão, uma derrota, um ferimento, uma conquista, um poder e até uma graça. Mas eu os reconheço como iguais, como irmãos. Vocês são um universo, uma outra face da minha face, e é assim que eu passo a considerá-los'.

Eu não machucarei mais ninguém, nem com meu orgulho, nem com meu preconceito, nem com minhas ilusões. Eu agora sei que não mais farei isso, não por ter me tornado uma pessoa educada e polida ou até uma boa cristã, não. Eu não mais farei porque entendi que somos todos irmãos, somos um o pedaço do outro".

Observem que essas sensações e Verdades parecem surgir como um transe. Mas é o nosso espírito tomando conta do nosso Ser e nos tornando mais sábios.

Quando vocês finalmente sentirem que uma outra pessoa qualquer é também pedaço integrante de vocês, toda a sua mente se transformará, e tudo aquilo que as atormentava, as dividia e as separava, vai se derreter, desmanchar-se no ar.

"Esse fenômeno é **o Encontro**. O **verdadeiro** nome dessa comunhão entre os seres é Encontro."

O Encontro é o momento mágico da relação entre duas ou mais pessoas que cria um forte impacto no peito de todos os envolvidos. Quando o Encontro acontece, todos se sentem vivos, aconchegados e respeitados.

Neste momento, vocês todas poderão experimentar reações inusitadas, porque são tocadas por uma energia maior. Acreditem que poderão até ficar tontas, poderão até chorar.

"Por favor, não confundam esse **fenômeno** com reações apaixonadas, com o sonho do encontro

da 'alma gêmea' ou
do grande amor da sua vida.
É **um**
acontecimento maior,
porque não está vinculado
a nenhuma troca afetiva,
a nenhum
compromisso emotivo."

O Encontro desperta muitas sensações que estavam adormecidas dentro das pessoas, sensações que nem mais estavam na sua consciência afetiva. Essas sensações surgem do íntimo de cada um, criando uma certeza de resgate da vida, da chama eterna do espírito. Resgate de uma vida maior do que a simples experiência de reencarnado, de uma vida que é eterna. Uma vida que é a sensação plena de si mesma, de estar finalmente na realidade respeitosa da individualidade, sem nenhuma confusão mental ou restrição castradora.

Esse tema do Encontro é apaixonante, mas eu concordo que é difícil de ser compreendido por muitas de vocês.

Certamente, vocês devem estar se perguntando por que quando as pessoas finalmente se identificam entre si, por que quando entendem que são parte integrante umas das outras, acontece tanta transformação?

Eu digo que é por um motivo muito simples, minha gente. A nossa identificação com os outros nos torna mais leves, pela simples compreensão do fato de sermos todos iguais em nossas diferenças, de sermos únicos no Universo, uma unicidade dividida e participativa com tantos e tantos outros milhões de pessoas.

É a leve sensação de que não somos sós, é a perda daquele sentido humano do abandono.

Todos estamos andando neste mundo, tentando acertar. Mas enquanto tivermos a sensação de solidão ou de viver em um mundo individualista e cheio de cercas que nos separam dos outros, perderemos o referencial do "quem somos".

O Encontro responde à velha pergunta do "quem eu sou?". Por meio do Encontro, aquele que "Sou" – que parecia nem mais Ser de tão confundido que andava – de repente, vem à tona.

Eu Sou alguém! A partir desta afirmação, sabemos finalmente sermos espíritos irmanados neste Universo.

Todavia, o fenômeno do Encontro só acontece, como sabemos, a partir do momento em que largamos tudo. Nós largamos tudo o que aprendemos e passamos a sentir com o espírito. E por meio dele temos a consciência de que o outro, por pior que seja a sua situação, pode ser visto e sentido como um irmão. Sentimos o outro como um pedaço de nós mesmos.

E nada importa mais, seja o que os outros vão falar, seja o que os outros vão passar, simplesmente nós reconhecemos os outros como irmãos. Nada do outro tem importância quando reconhecemos que o seu espírito também corre na busca do seu equilíbrio, da mesma forma que nós corremos. Todo o passado, todas as ações positivas ou negativas desaparecem e não têm mais significado. Deixamos de "carregar os nossos defuntos". Todos os crimes são absolvidos, todos os enganos são relevados, e também todas as glórias desaparecem e se tornam sem sentido.

Nessa transformação resta apenas o Ser sem passado, vivificado no espírito.

E isso é real.

> ## "Nós fazemos parte de um Universo em que **tudo** se relaciona intimamente, em que um fato **está ligado** a outro. Nada acontece isoladamente."

Entender essa fusão universal não é uma capacidade da nossa mente, mas sim, do nosso espírito. É o espírito que alcança o entendimento maior. A mente apenas aprende, mas nada sabe antes de o espírito acionar o seu entendimento.

Mas como eu já disse também, podemos viver a vida inteira, sem nunca Encontrar. Podemos estar com uma pessoa por 50, 60, 70 anos e o Encontro nunca acontecer. Convivemos, brigamos, dormimos juntos, fazemos sexo, criamos filhos, e nada de o Encontro florescer.

E não é por não poder haver o Encontro, e sim porque certas pessoas não sabem se encontrar. Tentam, sinceramente, tentam, mas só o fazem com a cabeça e não com o espírito.

O sonho dos grandes espiritualistas públicos, com missões coletivas, tem sido fazer as pessoas entenderem o mecanismo desse Encontro.

Esse mecanismo não é tão simples, não. Mas é belíssimo. É o ponto alto da vida humana e, enquanto a humanidade não dominar essa possibilidade, a vida não vai ser nem nutritiva nem suficientemente rica.

Por mais bênçãos que as pessoas tenham, por mais progresso que seja alcançado, sem o Encontro haverá um vazio a ser preenchido na vida de todos.

A humanidade será incompleta até a conquista do Encontro. É essa falta que cria um vazio quase indescritível no peito das pessoas. Um vazio que berra, arde, sem que ninguém compreenda suas razões.

Vocês que estão quietinhas agora, lendo estas linhas, quantas e quantas vezes têm reclamado dos seus parceiros, acreditando que não são amadas, que não têm a devida atenção? Quantas e quantas vezes vocês não reclamaram dos seus filhos, dos amigos, do seu trabalho e das suas obrigações rotineiras? Por quantas e quantas vezes vocês não se pegaram insatisfeitas com o que têm, ou com o que acontece ou não acontece nas suas vidas, ou até nas vidas das suas pessoas queridas?

Pois é, esses questionamentos surgem do seu mental, e são o grande motivador do distanciamento com o fenômeno do Encontro.

O Encontro não acontece por ações mentais, ele se manifesta por meio de ações de entrega interior. E essa entrega é muito difícil. Entregar-se para o espírito exige uma dose enorme de disciplina, aceitação e desapego.

A entrega só pode existir a partir do desapego!

Desapego das posições sociais e culturais; dos princípios morais e religiosos que provavelmente estão cheios de preconceitos; das vaidades e dos egoísmos que abraçamos tão apaixonadamente.

É preciso nos entregarmos para sermos simplesmente pessoas, simplesmente gente comum. Talvez seja necessário abandonarmos muitas pretensões, exageradamente egóicas – não sei, pois não posso julgar – e nos entregarmos para ter a coragem de sentirmos com o peito. Entregarmo-nos para ter a coragem de ser humano, mas não humano como a cabeça quer, ditando comportamentos e normas de modelos de compadecimento, de doação e de caridade. E certamente nada de sujeição ao "tem que" que impera por aí, porque na vida não existe esse "tem que".

É o ser humano que brota espontaneamente do espírito. Não é o Ser governado pela cabeça, mas aquele Ser iluminado pela chama que o espírito acende dentro de nós. Só por meio dessa chama é que a cabeça obedece ao espírito.

E acreditem, o nosso espírito está mais próximo de nós do que está a nossa cabeça, à qual damos tanta importância e sujeição. Nós, infelizmente, fazemos uma longa e tortuosa caminhada para chegarmos até ele, a caminhada do alcance do desapego.

Caminhada do desapego de tudo o que é mundano; das formas ilusórias do mundo; do fácil aparente, que depois de tanto aprendizado e conscientização, acaba por nos levar para dentro, além do nosso sonho, até compreendermos definitivamente o sentido de humanidade, que é o amor sem intenção, sem condicionamentos, gratuito e, principalmente, verdadeiro.

RECOLHIMENTO INTERIOR E HUMILDADE

Nesta longa história da nossa troca mútua, neste longo período que juntos vimos estudando e aprendendo o verdadeiro sentido da vida, vocês já perceberam que eu não tomei nenhum cuidado, nem para ofender, muito menos para mentir.

Todo mundo conhece a minha sinceridade e o jeito simples que tenho de falar as coisas, e espero que vocês não se sintam ofendidas com a minha "língua direta".

Não ataco ninguém; e não me aproveito nem das feridas das pessoas, nem me rebaixo para tripudiar de algum defeito ou alguma falha de quem ainda está crescendo. Vocês sabem, não é? Há muita gente que para se sobressair, mostrar que é o "maioral", acaba sempre cutucando a ferida alheia, com aquele ar professoral de superioridade.

É muito simples a gente sentir a dor na própria carne quando essas situações acontecem na nossa vida. Afinal, nosso orgulho não gosta que os nossos defeitos e feridas apareçam na nossa frente, e muito menos quando eles se tornam públicos.

Vamos ter uma conversa íntima agora sobre esse assunto que tanto nos perturba.

Preste atenção em você: não é verdade que você gosta sempre de parecer imaculada, perfeita, cheia de princípios morais, com atitudes inquestionáveis?

Embora não seja tudo isso, você gosta de alimentar a ilusão de superioridade, tanto para os outros, quanto para você mesma, não?

E quando algum fato ou alguém chama sua atenção, colocando-a na realidade, você se sente contrariada e ofendida, certo? Nessas horas o orgulho a ataca e você cai em depressão.

Pois é, todas essas reações negativas são a sua tentativa de se defender, não a você, mas ao seu orgulho.

"Eu digo sempre
que defender o orgulho,
tanto da gente,
quanto dos outros,

não é um ato nem de respeito, nem de admiração, muito menos de amor."

O respeito está em não ofender ninguém, não julgar ninguém, mas quando é necessário dizer a verdade, ela precisa ser muito bem colocada. Sem ofensas, sem humilhações, sem aquele ar de superioridade comum a quem gosta de apontar o dedo na direção alheia.

E mesmo assim, a verdade deve ser dita somente à pessoa em questão, como prova de consideração e respeito, e nunca, nunca mesmo, aos outros, naquela forma viciosa de fofoca que impera muito por aí.

Aos outros, aos terceiros que nada têm a ver com a história, nós nos reservamos o silêncio.

Fácil, não?

Não, não é fácil ceder aos impulsos de um "diz-que-diz", você sabe muito bem.

Mas todo esse respeito deve começar dentro da sua casa, com os seus, com aqueles que você tem o primeiro compromisso. Eu chamo sua atenção para os cuidados dentro de casa porque sei que muita gente é bem "bonitinha" na rua, até para causar boa impressão, mas dentro de casa é um horror.

Dentro de casa, é outra conversa. Basta atravessar a porta de entrada e arrancar os sapatos para a confusão começar.

Dentro de casa até parece que vale tudo. O povo acha que pode fazer o que quer e o que não quer, isolado dentre quatro paredes. É muito desrespeito, muita violação, justamente no meio de quem divide um lar. Esse "tudo pode" abre dentro de casa, junto aos companheiros de reencarne, uma energia de desarmonia tão grande que, aos poucos, a família vai perdendo o controle de tudo. É muito incomodo viver assim, massacrando um ao outro.

E todos acabam por se colocarem em posições de vítimas, porque ninguém cede, ninguém reconhece suas fraquezas, muito menos o mal que estão plantando entre si.

É muita desonestidade alimentar um ambiente familiar com tanto conflito e desentendimento.

Eu acho que a lição mais difícil do ser humano é aprender a ser honesto consigo mesmo. Não dá para mentir para si sem criar condições para que o orgulho se estabeleça. E quando o orgulho se estabelece dentro de alguém, é o fim, porque acaba colocando-o como vítima da vida, como um desgraçado abandonado à própria sorte, sem condições de aprender comprometimento e responsabilidade pelo seu destino.

Então, vamos lá, acorde, e antes de se queixar, tente compreender o que você tem feito da sua vida nesses anos todos.

O que você fez com o seu casamento, com a sua família, com os seus amigos, com o seu trabalho? Você se respeita, é respeitada e cria condições para que o respeito seja uma constante? O que você espera da vida daqui para a frente?

A espiritualidade, minha gente, é a conquista do nosso próprio espírito e dos seus poderes transformadores, é o domínio da nossa história vivencial

214

independente, mesmo em conjunto com todo o mundo exterior e suas exigências.

Agora, o espírito está sempre ao nosso redor, fazendo-se ou tentado se fazer presente na nossa vida. Mas ele só atuará em nós e por nós quando a nossa cabeça estiver madura.

Quando a nossa cabeça se controla, quando estamos seguros da sua posse, porque somos nós que devemos ter a posse da nossa cabeça, e não ela de nós, quando estamos na calma, no equilíbrio, o espírito vem e se manifesta com todo o seu Poder Transformador. A partir daí, reconhecemos com facilidade, uma porção de mudanças que ele manifesta na nossa vida.

Mas, por outro lado, quando somos reféns da nossa cabeça, a bagunça se instala, tudo se torna confuso e desarmonizado, e o espírito não consegue se manifestar com clareza.

Vamos aproveitar o assunto e fazer uma boa mentalização de recolhimento para abrir nossas portas para a manifestação do espírito que existe em nós.

Exercitar o recolhimento é abrir as portas interiores para a manifestação do Poder do Espírito.

"Feche bem seus olhos, relaxe, desligue-se do mundo, pois só assim é possível iniciar o recolhimento em si mesma.

Aceite que você é uma pessoa de muitas bênçãos, e com todas as possibilidades de se livrar de tudo que em você 'entrou' pelas portas abertas, pela ilusão do mundo. Você pode se livrar dos vícios e das ideias e conceitos que não servem mais,

mas que ainda a desfiguram na vida, e prendem as suas chances de deslanchar rumo ao sucesso, ao progresso.

Não se preocupe com nada, fique no vazio, porque Deus e as Forças divinas estão querendo muito o seu crescimento. O Universo quer muito o seu sucesso e não a condena por nenhum motivo, não a julga por nenhuma falha. O Universo sabe do tempo de cada um, sabe que você demora aqui e avança ali, pois entende o seu ritmo. O Universo sabe que é natural, na fase do seu desenvolvimento, acontecerem essas coisas, essas desilusões com a vida, e tantas outras dificuldades.

Isso é comum, não só em você, mas em todos, independentemente do grau de evolução e discernimento de cada um. Alguns vão mais rápido, outros mais lentos, mas sempre no ritmo natural da vida. E o Universo sabe muito bem da obra que fez em cada uma das suas criaturas. E, por esse motivo, não está condenando, nem você, nem eu aqui, nem ninguém em lugar nenhum, em mundo nenhum.

Ele simplesmente sabe que vale a pena ter um pouco de bom senso antes de fazer julgamentos ou emitir sentenças de condenações. Essas reações são muito humanas, não são atitudes das forças universais, isso não.

Então, minha amiga, com o coração no sossego, seja apenas humilde para ouvir as minhas palavras, que vêm do meu coração e se direcionam ao seu.

Seja humilde para entender que você precisa do seu empenho para consigo mesma, para melhorar e superar os seus pontos fracos. Reconheça também que sua boca não tem vigilância, que seu pensamento não tem consciência de limites, que você se deixa levar muito tempo pelos mesmos vícios, pelas mesmas fantasias. Compreenda que o seu orgulho a machuca, que a sua vaidade a dilacera.

Tenha essa humildade de que tanto falo, porque o orgulho começa a cair no momento em que aceitamos a sua existência ativa dentro de nós, no momento em que o encaramos, sem medos nem disfarces.

Você sabe, tanto quanto eu, que o orgulho a fez sofrer muitos traumas, deixou-a tão cheia de ilusões e tão fora da realidade, dando cabeçadas para cá e para lá. Sabe também que ele a ilude e a deixa sem saída, presa em esperanças vãs que nunca se concretizarão, quando na verdade todas as forças da Natureza lhe indicam alternativas possíveis.

Você tem consciência de que ele a deprime, que diz que você não é capaz, que a condena, do mesmo jeito que você acaba condenando todos os que a criticam.

Minha amiga, vista a humildade, aceite essa realidade que eu e a própria vida lhe colocamos. E entenda, por outro lado, que eu não quero dizer que a sua realidade é a pior do mundo, não. Ela é apenas muito comum no mundo, mas pode ser mudada para melhor.

Estamos todos diante da mesma realidade, plural, desafiados por ela, cada um vivenciando-a conforme seus referenciais.

É o orgulho que nos desafia na busca da auto-valorização. E, por muitas vezes, nós nos colocamos numa glorificação fantasiosa.

Olhe bem para si mesma. Você tem conquistas e méritos em quase tudo o que se propôs a fazer com o seu empenho. No seu trabalho, nos seus estudos, na sua vida social.

Mas o fundamental, o seu mundo interior, ainda está para ser enriquecido. Você precisa conquistar o seu grande anseio, que é o domínio de si, ou seja, a consciência maior do seu espírito.

Você necessita ainda aprender a condição de viver no espírito, e dos poderes que ele tem a lhe oferecer.

Isso significa viver sem o peso do tempo, sem a ameaça do amanhã, e na graça da paz dos grandes sentimentos, sob a perspectiva profunda da visão, além da superfície de uma realidade modesta. Significa viver os "insights" e a genialidade que nos acompanham desde a primeira faísca da criatividade divina.

E é preciso que você renasça em si todos os dias, na meditação que lhe assegura o equilíbrio da confissão interior dos seus próprios erros ou desacertos, e também do cuidado cauteloso com o orgulho traiçoeiro e a vaidade que ainda a seduzem.

A cada dia, tome a bênção do seu interior, recolhendo-se na sua pequenez costumeira, para ponderar, com a mente aberta e certeira, os caminhos que a levam à consciência da realidade."

> "A **humildade**
> é a realidade sem disfarces,
> sem enfeites,
> é **aquilo que** simplesmente **é**,
> aquilo que pudemos
> e não pudemos,
> que vamos um dia conquistar,
> e que ainda não conquistamos
> porque estamos
> no meio do caminho."

O mundo às vezes nos oferece uma escada, a escada do aprendizado. Nós andamos dois degraus para cima e já achamos que estamos no fim do caminho. Mas não é assim, não. Ainda há muitos e muitos degraus para serem escalados, e em cada degrau é preciso dar uma parada para descobrir e aprender.

Cada vez que subimos um degrau, a "vista" muda, a paisagem se altera. Somente lá no topo, onde tudo se encerra, a gente poderá ver o horizonte e o fim de tudo. E, nessa visão global, alcançaremos a compreensão da vida, por meio da integração dessa mesma compreensão na nossa experiência.

Portanto, relaxe. Você, como todos, ainda é um aprendiz, e o topo da escada será alcançado no momento certo.

Tranquilize-se também, pois se a sua vida não segue a ilusão das suas fantasias e dos seus desejos, não é só por isso que ela está errada ou em descompasso. Não se menospreze, não menospreze sua vida, e muito menos não renegue tudo o que você tem conquistado, mesmo não sendo aquilo que tem desejado.

Seja paciente consigo mesma e com o mundo. Pregue a paz e o Bem, e vá além, descobrindo os segredos que a vida sussurra na sua alma a cada nova situação. Alie-se a si mesma, seja sua cúmplice na cautela das suas tendências desfavoráveis, ou na confiança das suas habilidades adquiridas.

Acabe com todas as feridas, pois elas são resquícios do orgulho que deverá se perder no esquecimento. Compreenda a necessidade de acabar com qualquer dor que a aflige, porque

<blockquote>
"o que apaga a dor
é a consciência de que
somos nós os **únicos**
responsáveis pelo que criamos,
pelo que atraímos,
e por tudo aquilo
que fizemos acontecer
na nossa existência".
</blockquote>

Tudo isso veio até nós por meio da nossa fé, usada inadvertida e inconsequentemente contra nós.

Ainda cremos em coisas banais, só por parecerem bonitas, sem termos a certeza do apoio da vida, que na realidade nos mostra suas medidas, nossos acertos e equívocos.

Por tudo isso, o caminho ideal é o da confiança na vida e no seu amparo. Afinal, a vida, seja para nos acariciar ou para nos dar um tapa de alerta, jamais deixa de nos dar atenção.

Minha amiga, volte para a vida e fique no Bem e "de" Bem. Venha compreender que no banquete das experiências você é a pessoa homenageada pela vida. Você está repleta de chances infinitas, e cercada de oportunidades inesgotáveis, emanadas de uma inteligência em desenvolvimento constante e de uma consciência em expansão. Você é, em síntese, um veículo de reencarnação extraordinariamente perfeito, em estado latente, necessitando apenas de um "empurrão" para subir a escada mais rapidamente.

Você é a razão da vida, por esse motivo ela é como uma mãe querida que não mima, mas educa e não desampara. Fique serena na aceitação do que você passa.

Não há injustiça, não há quem queira fazer ou que realmente faça contra você aquilo que você não está comprometida ou não acredita.

Seja humilde, ouça o que eu digo para que a sua lição não seja de desilusão, de dor, de choque e de sofrimento.

Fique na mansidão, venha com a sua ternura, sem medos, e com sua humildade, olhar e ouvir o que

221

o seu espírito lhe fala ao ouvido, apenas para você compreender o que precisa saber.

Venha fazer parte daqueles que são participantes do seu próprio progresso.

A humildade é a chave do sucesso, tão procurado por todos e alcançado por muito poucos.

O equilíbrio é a posse de si mesma, é saber quando se está bem, ou mais ou menos, ou exaltada, de acordo com a ocasião. Mas sempre lúcida por opção e jamais mecânica ou inconscientemente.

Somos seres conscientes, inteligentes, capazes de constante discernimento.

> "**Somos todos**
> seres graciosos,
> **feitos de luz e mistério**.
> Somos a própria essência do
> **Universo**
> **se tornando gente**,
> concebendo-se
> constantemente."

Por esse motivo, ninguém terá de imediato todas as respostas para as perguntas que rondam ou que são formuladas pelas suas cabeças. No entanto, todos teremos as respostas que precisarmos. Essas respostas, a vida não nos nega, e às vezes ela nos mostra até com certa agressividade, esfregando-as no nosso rosto.

Repare como a vida está sempre pronta a lhe dar o que você precisa, mesmo que seja algo que você não queira. Então, acorde e deixe de pensar que você não tem "nem eira nem beira", que é uma abandonada por todos, ou que até tem uma vida defeituosa.

Toda vida é legítima, autêntica, porque a vida é amorosa. Ela não é apenas o que a nossa ilusão tanto deseja que seja. Mas nem por isso a vida deixa de ser alegre e bela, e ninguém tem o direito de cultivar no peito, ressentimentos contra ela.

Sentar na humildade é garantir o sucesso por toda a eternidade.

Aprenda mais sobre o orgulho, descubra as formas como ele se manifesta em você e nos outros a sua volta. Repare nas consequências dessas atitudes. É preciso discernimento para fazer finalmente um bom julgamento, é preciso não temer aquilo que você não conhece. Somente depois de compreender o mal que esse orgulho lhe faz é que você estará preparada para abandoná-lo.

Quando você procura, pelo seu próprio interesse, conhecer o fim das coisas, ele aparece claramente. A partir daí, você será capaz de avançar com leveza e rapidez, sem a aspereza e a rigidez da ignorância desatenta.

Muita atenção e humildade na vida!

Mas fique também muito atenta ao que a vida lhe fala, como ela a envolve e a leva para a frente. Siga sempre atenta ao norte que a vida lhe dá, e responda prontamente na sinceridade do seu coração.

Não guarde rancor, assuma sua própria opção para garantir as bênçãos que a levarão às delícias da existência, sensibilizando-a e despertando-a para tudo, inclusive para coisas que você nem sabe que estão aqui ou que existem.

Portanto, se até agora você tinha optado pela tristeza, porque o seu orgulho foi magoado, deixe tudo isso de lado, deixe de carregar defuntos do passado e venha, com humildade, abrir as portas de um recomeço.

Aproveitar a vida tem um preço, que é a mudança, mas vale a pena para qualquer um pagar.

No recolhimento interior dos homens e no abandono do orgulho, reside o futuro da humanidade.

PURIFICANDO O CORPO E O ESPÍRITO

Tudo na vida é muito simples, muito singelo, mas nós complicamos muito o nosso viver.

Existem muitas coisas, muitas atitudes e muitos bons pensamentos que todos precisamos aprender para a nossa purificação e, consequentemente, para melhorarmos as nossas vidas.

Vocês todas que me acompanham há longo tempo, e todas aquelas que estão se iniciando comigo, têm de entender – e eu sei que isso é muito difícil – que o grande segredo do bem viver é parar de se meter tanto na vida dos outros.

Isso não é novidade, não é, minha gente?

Mas vocês têm de entender, repito, e cada vez falo mais "claro", e também sem querer ofender a ninguém, que esse vício é "danado de ruim" para a sua vida e para a vida de todos que as cercam.

> "A promiscuidade que vocês **tanto** cultivam, com **tanto** prazer, traz para vocês muita **"carga"** energética e espiritual negativas, muita coisa ruim, que surge do nada."

Mas depois, rapidamente esta "carga" vai pesando e formando uma crosta de impregnação difícil de limpar. Daí então é "um passo" certo para vocês ficarem perdidas, sem o domínio da vida, e sem nenhuma inspiração para reagir. Quando as energias ruins se instalam em vocês, elas têm a capacidade de se apoderar do seu melhor, de tirar de vocês tudo o que têm de bom. É o carro, a casa, a família, o trabalho, o relacionamento afetivo e sexual, são muitas as perdas que vão se acumulando. Sem falar na insatisfação e na falta de ânimo. Enfim, a vida de vocês vai ficando terrível.

Infelizmente, vocês não têm a capacidade de perceber nada disso, porque é algo "invisível". Vocês só sentem as consequências, que são cansaço, irritação, desequilíbrio nervoso, má sorte e tantos outros obstáculos que se repetem. Fica então, todo mundo "carregado", pesado, porque "carrega" mesmo, minha gente.

E não pensem que vocês são inocentes, não! Ninguém jogou nada sobre as suas costas, sobre as suas vidas, porque a responsabilidade de atrair essas negatividades é totalmente de vocês, que as "pegaram", quando entraram em sintonia com elas.

Pois é, a grande verdade, é que na nossa "prática" diária de viver, assumimos muitas responsabilidades pelos outros. Qualquer um que chora ao nosso lado, lá vamos nós, correndo, oferecer um ombro amigo. Qualquer um que se faz de coitado, lá estamos nós nos oferecendo para resolver a situação, o problema.

Vivemos todos nos metendo onde não devemos estar, essa é a verdade.

É verdade também que quando não estamos sendo amigos disponíveis, entramos em outra "conversa", pior ainda, que é a fofoca, o julgamento, o diz-que-diz:

– "Não! Onde já se viu aquela pessoa fazer isso, porque assim, porque assado, você viu este, você viu aquela... e a fulana?".

É muito "fala, fala, fala", minha gente, é muita "conversa fiada", cheia de maldade e preconceito.

"Será que vocês
não percebem que
todas as pessoas
que são 'faladas',
por um motivo ou por outro
não estão bem,
e vocês acabam
se **somando** a elas?
É um pouco aqui, um pouco ali,
e quando vocês percebem,
já estão todas
no mesmo atoleiro,
no mesmo inferno."

Eu confesso que ainda não tenho esperanças nem ilusões de pedir para vocês largarem disso tudo concretamente ou até de um dia para o outro. Mas eu tenho esperanças de que vocês aos poucos vão compreender que não vale a pena se envolver com pessoas que só podem piorar sua vida.

É preciso prestar muita atenção no lugar onde vocês estão colocando o "bico".

Mas para dar uma ajuda a vocês eu vou ensinar um exercício de limpeza e purificação, que deve ser feito sempre que alguma coisa estiver incomodando-as ou até mesmo ameaçando-as.

Nesses momentos, recolham-se em um lugar mais calmo e conversem consigo mesmas, com muita paz e sinceridade. Perguntem para o seu corpo e para o seu espírito o motivo de tanta angústia, de tanto desequilíbrio. Provavelmente, a resposta aparecerá em sua cabeça, quase sempre em forma de uma pessoa, que é certamente o centro e a causadora da sua paralisação. Pode ser um parente, um amigo, um conhecido, um cliente, há mil possibilidades dentre as suas relações diárias. Por algum motivo você está envolvida com essa pessoa e suas energias estão sendo bloqueadas.

Pode ser também um grupo de pessoas das suas relações ou um lugar onde vocês estiveram recente-mente.

Pronto, vocês já identificaram a fonte principal.

Após essa identificação, digam assim:

– "Tudo o que é de você, que fique contigo, que volte para você. Nada disso que você me manda é meu e eu não vou assumir essa responsabilidade".

Vocês entenderam o mecanismo de limpeza?

Tudo o que é de outra pessoa, pertence somente a ela e você não quer definitivamente ficar com o que não é seu. Você pode até gostar da pessoa, identifi-car-se com o seu problema, mas não vai pegar nada para carregar e muito menos oferecer ajuda para re-solver o que não é de sua responsabilidade.

– "Eu não quero! O que é dessa pessoa só per-tence a ela. Se eu puder ajudar a vibrar para tirar dela esse peso, eu até posso tentar, mas o que ela atraiu para si, ela que se encarregue de limpar. Eu não quero pegar os problemas dela. A dor dela, a mágoa, os queixumes, nada... nada... nada...! Eu vou largar de me preocupar com quem não tem responsabilidade sobre si mesma."

Então minha gente, vamos largar, largar, largar.

Vamos largar as pessoas, seus medos e suas irresponsabilidades.

Cada um está na sua "sina" nesta encarnação.

Nós podemos até acompanhar de perto a caminhada de cada um, afinal somos amigos de uns e outros. Mas jamais vamos carregar um fardo que não é nosso. Estamos lado a lado, ombro a ombro, mas sem carregar ninguém no nosso colo nem nas nossas costas. Somos companheiros, juntos repartimos momentos, mas cada um vive sua vida livremente, sem culpas nem desculpas.

"Se pensarmos
que **tudo na vida
acaba um dia**,
ou porque a morte vem,
ou porque as pessoas
se cansam umas das outras
e se separam,
viver em grupos
fica mais fácil, mais 'solto',

já que as ideias de posse e compromisso deixam de existir. A gente é companheiro um do outro, **mas** cada um **faz parte de um roteiro de vida independente**."

Estamos juntos das pessoas que gostamos, com elas nos relacionamos e até dividimos muitas coisas, mas não vamos ficar nos metendo, querendo "fazer a cabeça" de ninguém, e muito menos permitindo que "façam a nossa cabeça".

– "Eu assumo a minha vida e cada um que assuma a sua, com muito respeito entre todos. Assim é com o meu pai, minha mãe, meus irmãos, com todo mundo que eu conheço. Cada um é cada um... e cada um 'na sua'..."

É tudo muito simples, não é? Na vida social é cada um "na sua". A sociedade é uma contingência e não uma obrigação, não uma troca de favores e responsabilidade. Basta que cada um saiba com consciência respeitar as escolhas e os espaços dos outros e o convívio se torna muito prazeroso.

– "Eu vou largar todos esses problemas desta cidade, os conflitos, a violência, eu vou é largar tudo isso... eu vou largando tudo. Eu sei que tudo isso é real, está presente na vida de todos, mas eu não estou envolvida nisso, nada me atinge, pois sou apenas uma espectadora, não uma participante. Eu quero é estar 'limpinha', 'purinha', só voltada para aquilo que é da minha responsabilidade. Essas responsabilidades eu as assumo com o maior prazer. Eu vou soltar... e quero também que se afaste de mim qualquer coisa ruim que esteja me rondando, ameaçando-me."

Vocês todas sabem que da parte do plano astral, muita coisa encosta na gente. Há muita energia, há muita ameaça em muitos lugares por onde passamos. Muitas vezes andamos aqui e acolá, em lugares até muito bonitos, mas se a energia não está boa nós acabamos por "chupá-la", ficando muito esquisitos e perturbados.

"Por tudo isso
eu não quero nada
de lugar nenhum,
vou soltar tudo
o que captei por aí.
Estou soltando tudo..."

O processo de limpeza precisa ser feito com muita força e convicção. Precisa sair de dentro da gente com muita certeza.

– "Sai, sai tudo de mim porque eu sou limpa. Sai... saiam todas as energias que não são minhas, eu não quero nada disso para mim!"

Assim, daqui para a frente, antes de dormir, todas as noites vocês vão fazer esse exercício de limpeza e purificação. Porque, enquanto vocês dormem, nós vamos acompanhá-las nas viagens astrais até a nossa comunidade, para serem tratadas e energizadas. Deitem, façam o seu trabalho de mentalização e comecem a soltar tudo com muita convicção. Soltem tudo para se limparem de todas as energias que pegaram durante todo o dia.

Façam o ritual do "sai de mim, coisa ruim, energia ruim, dependência ruim, crença ruim". Joguem fora todos os assuntos "bestas", os "papos furados" dos amigos e da família, todos aqueles problemas menores que lhes contaram, tudo aquilo que lhes impressionou. Vão largando, porque quando largarem o bastante, vão sentir um grande alívio e um grande vazio. Só assim será possível vocês fazerem o contato consigo mesmas e serem conduzidas a lugares onde se refarão energeticamente.

CONTATANDO O GRANDE PODER UNIVERSAL

Há momentos na nossa vida em que nos sentimos órfãos, com uma pesada sensação de abandono. São momentos de isolamento em que nada sabemos fazer para revertê-los, e muito menos sabemos a quem nos conectarmos para encontrarmos as soluções mais apropriadas.

Felizmente, o Universo divino é repleto de poderes capazes de nos resgatar.

Há caminhos e caminhos, e um dos mais maravilhosos é o contato com a Luz divina, manifestação poderosa que contém todas as possibilidades e soluções.

Nós aqui no astral somos diariamente envolvidos por esse Poder de Reabilitação Espiritual, e eu sei que posso ajudá-las a se alimentarem Dele também.

Tudo na vida é fé e disciplina. Esses dois passos podem levar a todos o alimento espiritual tão necessário ao bem viver. E com fé e disciplina, aventurem-se a receber o que também lhes pertence:

"Feche os olhos e coloque suas mãos abertas sobre os joelhos. Relaxe.

Mentalmente, crie um pequeno facho de luz sobre sua cabeça. Transforme, aos poucos, esse pequeno facho de luz em uma grande e fantástica bola de energia. Deixe essa bola envolvê-la até se sentir totalmente protegida por ela.

Essa bola iluminada e repleta de energia é, a partir de agora, o seu instrumento de trabalho espiritual. Não tenha pressa, pois a expansão da Luz e da sua energia necessita de muita concentração e muita confiança.

Quando você se sentir segura, inicie o segundo passo do trabalho, que é ligar sua mente a alguma grande força do Universo que faça parte de suas crenças.

Essa grande força vai ser, a partir de agora, sua referência. Pode ser uma estrela, um grande facho de luz... Creia firmemente que ela é o Poder Universal.

Assim, mentalmente, você inicia a evocação do Poder Universal atuando no seu Ser. É o Poder da Grande Luz divina, abençoado, redentor e restaurado.

Esse Poder vem e se impregna em você, certamente se você estiver com o coração puro.

Se estiver fazendo esse trabalho com malícia ou desconfiança, com insegurança ou medo, de nada vai adiantar, pois ele não funcionará.

Então, para sentir a Luz em você e com você, para fazer esse trabalho espiritual, é muito importante que você sinta no fundo do seu peito a inocência de uma criança. Você deve estar conectada com o seu lado bom, seu lado generoso, seu lado terno e ingênuo. Mas é claro, não é para ser infantil nem piegas. Clame pelo Bem, tanto para você quanto para o mundo.

Estando então no seu Melhor, você pode ter a certeza de que a conexão acontecerá.

Agora, neste ponto do seu coração tocado, diga mentalmente:

– 'Luz divina, eu quero uma comunhão, eu quero uma fusão, quero ser Você, e quero que Você seja eu. Eu quero esta incorporação'.

'Essa **Luz Divina**,
esse **Grande Poder**
ao qual você se conectou
é invisível para todos nós,
todavia, quando ativado,
funciona de verdade,
e é só isso o que nos interessa.

Muitas e muitas vezes todos nós
já recebemos muito
por meio desse Poder,
sem sabermos por que
e muito menos de onde veio'.
Continue:

– 'Luz divina, seja em mim, que eu serei em Você. Luz da criação, Luz da expansão e da renovação, Luz, essência última de toda a matéria, do átomo e de suas centelhas interiores, Luz da lucidez e da consciência, Luz do Bem para todos e da beneficência, seja em mim, que eu serei em Você. Você sou eu. Você me fez e eu sou sua, sou parte integrante do seu todo. Você me compõe, já que eu sou feita da mesma matéria que Você'.

Sinta que nas suas mãos está girando uma grande bola, contendo toda a essência luminosa e poderosa dessa Grande Força. Aproveite e acumule em todo o seu Ser essa essência de Poder em potencial.

Você vai sentir que essa bola de luz vai crescer cada vez mais em suas mãos, e nelas aparecerão feixes de energia que irradiarão por todos os lados.

A Luz divina costuma ser captada pelas costas e pela cabeça, locais em que você sentirá clarões energéticos.

Assim, enquanto suas mãos vão trabalhando essa Energia divina, pense onde você poderá colocar essa grande bola de Luz.

Pode ser dentro da sua casa. Mas você precisa escolher um lugar, uma dependência. Porque é o seguinte: a bola de Luz, depois de formada, vai ficar no astral e constantemente produzirá energia luminosa para levar harmonia e melhorias, tanto para você, quanto para tudo e todos que estão envolvidos contigo.

Mas vá com muita calma, e se você for daquelas pessoas muito envolvidas com o seu lado profissional, se passa a maior parte do seu tempo fora de casa, coloque essa bola na sua cadeira ou na sua mesa de trabalho, ou lá num canto qualquer, para melhorar a situação daquele lugar.

Se você tem dificuldade para dormir, coloque-a na sua cama, na cabeceira da cama. Se você tem problema de saúde, coloque-a também na sua cama, porque quando estiver dormindo, ela vai ajudá-la a se recuperar.

Se você tem problemas na sua empresa, coloque-a onde o dinheiro deve fluir melhor, para atrair a prosperidade financeira.

'Não subestime esse Poder porque o **milagre** e a **transformação** estão em qualquer um de nós,

podem acontecer

com qualquer um de nós,
e também por meio
de qualquer um de nós.
Ninguém é menos
e ninguém é mais, isso não.'

A Luz divina está aqui, disponível a quem tem o coração puro, porque ela precisa que nós a apoiemos para se expandir. E somente com o nosso apoio e o nosso reconhecimento ela pode atuar. Sem nós a apoiá-la, reconhecê-la e nela confiarmos, ela não pode fazer nada, 'nadinha mesmo'.

– 'Luz divina, Luz da paz, paz e harmonia. A paz é o melhor para tudo funcionar, para tudo ficar no seu devido lugar.'

Nós somos realmente melhores quando estamos na Paz. Isso é certo, minha gente. Na graça e na Paz.

Então, assuma essa Verdade e fale alto, com a voz do seu coração em expansão:

– 'Paz! Ai, meu Deus, paz! Luz da Vida em minhas mãos, fortalecendo, criando, transmudando tudo para o melhor'.

E esta bola que a está iluminando toma mais força, recebe mais Luz e energia, por meio da sua afirmação e crença.

Pois bem, essa foi a primeira parte do grande contato.

Agora, é preciso que você se veja lá no lugar onde quer deixar a bola que cresce em suas mãos. Transporte-se mentalmente para o exato lugar onde você quer pôr esse trabalho. Isso porque quando formos procurá-la para mantê-la ativada e fortalecida, trabalhando e fluindo a seu favor, precisamos reconhecer você e sua energia pessoal.

Então, escolha o lugar e se veja lá, com toda sua convicção. Isso, para nós, é uma marca, sua marca, para que a gente a reconheça. Se veja lá e deposite a bola suavemente. Faça isso mentalmente, é claro, porque a bola acompanhará o seu ato, mas na matéria. Porque a energia se movimenta com a mente.

Pronto, está feito o seu trabalho de conexão.

A partir de agora, todos os dias ao acordar, você vai colocar uma das suas mãos estendidas e a outra sobre o seu coração e se conectar com a Luz divina. E mentalmente, vai dizer:

– 'Luz divina, entre em mim, entre em minha casa, no meu quarto, banheiro, carro, enfim, entre em toda minha vida. Abençoe meus filhos, minha família e meus amigos'.

Mentalmente, envolva e chame todos os que deseja abençoar com a sua energia.

– 'Luz divina, estou com você a todo o instante. Fortalece tudo o que me cerca, trazendo paz e harmonia, enchendo de Luz todos os meus canais de comunicação para que eu possa conviver bem com todos. Luz divina, ilumine tudo e todos que estão ao meu redor.'

(Neste momento, você pode pedir por algo em particular).

Não desvie seus pensamentos para as coisas do dia a dia, não deixe suas preocupações rotineiras interferirem nesse trabalho. Sinta sempre a Luz com você.

Pois bem, faça esse exercício de contato todos os dias. Reserve alguns minutinhos logo ao acordar e, certamente, esse tempinho não vai fazer falta em sua vida, pelo contrário, esse exercício trará muitos e muitos benefícios a você e a todos aqueles que serão envolvidos nele.

Fique quietinha num canto qualquer e faça a sua força de fé diária. Esse hábito vai puxando, cada vez mais, a Luz para perto de você. Bastam apenas cinco minutos para o contato com a Luz, e isso não é nada".

"A **Luz** é a **Manifestação divina**.
Deus é estático,
mas Sua manifestação
se dá por meio
dos nossos movimentos
de chamamento desta Luz.

Chamar a Luz
é ativar a **Ação divina**
para o nosso benefício."

Assim, quando você pratica esse exercício de contato, está evocando todas as energias disponíveis no Universo para ativar sua harmonia, clarear seus caminhos e solucionar todos os seus problemas e necessidades.

Observe as mudanças que ocorrerão na sua vida. Observe que durante o decorrer dos seus dias muitas coisas começarão a mudar, e sempre a seu favor. Você vai sentir a ação da Força divina atuando. Basta que você mantenha o seu coração puro para se tornar o canal dessa força que tudo transforma para melhor.

"O coração puro é uma atitude conseguida com **humildade**. Assuma quem verdadeiramente você é, e não se envergonhe nunca dos seus problemas, quaisquer que sejam eles, porque **Deus** não tem vergonha de nada, não."

No mundo há muito preconceito sobre certos problemas humanos, principalmente sobre problemas sexuais e financeiros. Muitos dizem que sexo e dinheiro nada têm a ver com Deus, que não são questões espirituais. Mas eu digo que tudo o que vivenciamos tem a ver com Deus, sim, porque Deus é Vida. E para que possamos resolver qualquer questão, não devemos nos inibir ou nos envergonhar, e com o coração puro, podemos sim pedir ajuda ao invisível. Não importa a "área", não importa o problema, tudo na vida é válido.

Por esse motivo, não tenha preconceito com "área" nenhuma, peça sempre a inspiração divina, para que tudo possa ser resolvido com facilidade.

E tem mais uma coisa, "não faça isso" para ninguém, faça só para você e para suas necessidades. Concentre suas energias para a solução dos seus problemas, fazendo sua parte. Já os problemas dos outros, só poderão ser resolvidos pelos seus responsáveis. Peça apenas a Deus, nos seus exercícios de contato, que Ele possa inspirar quem está "enrolado", mas jamais viva o problema alheio.

Entenda definitivamente que você não é empregado de ninguém, e que a possibilidade do alcance da Luz divina está vinculada à fé de cada um.

Quando qualquer pessoa tem algum problema na vida, quando está muito "encurvada", é porque está em desarmonia com sua alma. Essa Lei, essa Verdade, você está cansada de saber, e eu não vou agora explicar de novo esses princípios da vida.

As Forças divinas passam por nós por meio do nosso esforço individual. Quando estamos no Bem, as forças vêm para o Bem, mas quando estamos no mal, elas vêm para o mal. Elas, apesar de serem neutras, são poderosíssimas, e agem de acordo com a nossa sintonia.

"Da mesma maneira
que na nossa vida
nós construímos o Bem,
também construímos o mal.
Da mesma maneira
que criamos uma doença,
uma falência financeira
ou uma dificuldade qualquer,
também criamos uma cura,
um sucesso e uma resolução.
Somos aqueles que guiam
nossos pensamentos
e nossas atitudes,
para o melhor ou para o pior."

Você aprendeu agora a invocar a Luz e o Poder. Para utilizá-los de forma produtiva, tente se concentrar nos pontos fracos da sua vida, para com a ajuda dessa Luz e desse Poder, tentar resolvê-los.

A consciência de seus pontos fracos é fundamental para sua mudança interior e muito importante para agilizar seu ato de tratamento e a conquista de uma vida melhor.

Assim, quando você começar a perdoar todo mundo, inclusive você mesmo (e olhe que você tem muito a se perdoar), quando começar a tirar as coisas ruins de dentro do seu coração, certamente será o início da sua revolução interior.

O que você puder tirar, tire mesmo! Jogue fora suas mágoas, seus ressentimentos, suas raivas e invejas, abandone tudo o que a está atormentando e atrapalhando. Fique leve para a vida levá-la.

Mas tem uma coisa: não serei eu, nem os espíritos e muito menos Deus que vão tirar tudo isso de dentro de você. Será só você, por meio de uma tomada de consciência, que poderá fazer essa depuração.

Então, atenção, não fique na "desgraceira", na coisa ruim, que atrai mais ruindade para dentro de você. Limpe-se, não deixe nada de mal se acumular em você, pois seu corpo não é de ferro e não aguentará por muito tempo tanta energia negativa. Uma hora qualquer ele começará a apresentar todos aqueles sintomas que você tanto conhece.

Para mudar e receber as bênçãos que eu estou apresentando, é necessário primeiro perdoar e se limpar.

Lave a alma, lave a alma!

Por aí, ninguém é melhor do que ninguém, porque se alguém fosse realmente perfeito, não estaria mais encarnado, certo? Todos estão aí porque têm muita ignorância, apesar de tanta coisa boa. Mas a ignorância a gente pode esclarecer, não? Vamos aprendendo e melhorando e tudo acaba ficando muito bem. Então, para que tanto orgulho, para que tanto julgamento, para que tanta discriminação?

EU E DEUS SOMOS UM

Eu e Deus somos um!
Essa deve ser uma crença constante em vocês.

Enquanto pensarem que Deus está lá longe, distante e inatingível, enquanto pensarem que estão muito sozinhas, tudo fica muito difícil e os problemas parecem não ter solução.

Colocar Deus nesse distanciamento resulta na falta de fé para "puxar" as forças espirituais que estão disponíveis para todos.

Mas quando acreditamos no "Deus em mim", despertamos uma grande força para trabalhar para nós e conosco.

As religiões, o espiritualismo antigo, erram quando colocam tudo fora de nós, como se fôssemos meio aleijados, meio incapazes. Mesmo já sabendo que Deus está aqui conosco, por muitas e muitas vezes deixamos de dar crédito a esse grande Poder.

"Mas o Poder **está dentro de nós** e pode ser ativado para a **nossa melhora**, para **a cura** e para **a superação** de todos os nossos problemas."

Muita gente desavisada, quando vê que as coisas começam a dar certo, chamam esse Poder de sorte. Mas a sorte nada mais é do que a chama de Deus ativada dentro de cada um.

Todavia, não precisamos ficar pensando muito sobre esse fenômeno, muito menos nos preocupar em dar um nome a ele. O importante é que ele esteja funcionando em nós.

É muito importante sentirmos a força atuando a nosso favor.

Para exercitarmos essa força, vamos praticar um exercício de concentração, assim aprenderemos a ativar em nós todo esse Poder espiritual. Todos temos este Poder, em alguns ainda latente, em outros, mais evoluídos, já ativado.

Jesus falou: "Tudo o que eu faço, vocês também poderão fazer". Ele já reconhecia que a criatura que somos, tinha todos os poderes do Criador. Nós é que ficamos na confusão, desnorteados pelas ilusões. Por tudo isso é que muitas vezes nos perdemos, e nos perdendo, a vida caminha muito mal.

O Poder está em tudo e em todos, mas o que nos interessa agora, no nosso momento de busca, é o que está dentro da gente. Afinal, só podemos entrar em contato real com aquilo que está em nós. O que está no outro, não nos importa.

O exercício que vou lhes ensinar é mais uma vez um exercício de concentração e de desligamento da rotina, de total isolamento:

Evoquem muito o "Deus em Vocês", o "Deus em Mim", o "Deus Comigo". Deus é uma palavra, é uma abstração que a gente ainda não conhece nem pode definir, mas isso não importa. Vamos invocar essa Força, seja Ela o que for.

– "'Deus em Mim', força em mim, saúde em mim, Poder em mim. Ative Poder em mim! Ative Poder! Aja com seu poder no invisível e no visível. Aja em mim, fazei de mim o seu canal de ação. E no 'Deus em Mim', eu declaro a Paz!"

Repita por dentro, com muita força e convicção:

– "E no 'Deus em Mim', eu declaro a Paz!".

Aprendam e confiem nesse Poder. Confiem no "Deus em Mim". Acreditem no Eu e no Poder, no Eu mais o Poder.

– "Eu 'Deus em Mim', declaro definitivamente a Paz."

É dessa forma que as orações devem ser feitas. Rezar não é ficar pedindo, rezar é ativar o Poder. Os espíritos avançados fazem suas preces dessa forma. Então, vocês podem se modernizar seguindo os caminhos desses espíritos de luz.

– "No 'Poder de Deus em Mim', eu declaro a Paz!"

Paz para o corpo todo, paz que é um banho de alívio. Paz que é esse Deus que a tudo purifica.

Seja aquela doença que a aflige, aquele problema que a incomoda, aquela dor que a machuca, aquele nervoso mental que a desvia, não importa, tudo será resolvido.

Há, afinal, em todos nós, muita coisa que precisa de um recurso invisível para ser tratado, e esse recurso está dentro de nós. Basta ser invocado com muita convicção.

E é esse o momento de ativarmos todos esses recursos.

Confiem, porque os meus amigos espirituais aqui, os espíritos "que nem eu", estão todos atrás de vocês, ajudando-as, "dando aquela força". Sabemos que vocês ainda são meio fracas e precisam de um tempo para aprenderem a ativar esse Poder.

Então, quem as está ajudando é um grupo de espíritos mais fortes no "Poder de Deus em Mim", todos os amigos que já têm esse Poder muito "puxado para fora" transformam-se em Luz quando fazem essa invocação.

É uma beleza esse trabalho, minha gente. E todos estão dispostos a tratá-las, sempre que vocês se dispuserem a fazer esse exercício de conexão com Deus que eu tento ensinar-lhes.

Todos os que me conhecem, aí na Terra e aqui no astral, sabem que eu sou apenas um intermediário entre esses dois planos. Eu nunca faço as coisas sozinho e os meus companheiros estão dando suporte, fazendo a "ponte" de força. Eles estão envolvidos nas auras de vocês, somando e vitalizando essa corrente.

Então, minha gente, sempre que fizerem esse exercício, por favor, "caprichem", pois tem muita gente envolvida.

Façam sempre que puderem, não é perda de tempo, não. Vão para um canto qualquer onde possam ficar quietas, concentrem-se e comecem a vibrar no "Poder de Deus em Mim". É bárbaro, e é a base, eu garanto!

O "Poder de Deus em Mim" é cura. Quem está sofrendo, por exemplo, de alguma doença, pode usar na invocação as palavras "cura" ou "saúde". Esse Poder é saúde, minha gente. É saúde, porque ele me faz aqui muito saudável. E se comigo ele pode agir, poderá agir também com vocês.

Então, vamos lá, vamos continuar...

Fiquem concentradas e sintam que o Poder começa a mexer com suas energias. É ele atuando...

O "Poder de Deus em Mim" é paz na mente de quem está confusa, pesada e cheia de problemas.

– "É paz na minha mente."

É bonito acreditar e falar assim: "O 'Poder de Deus em Mim' é paz na minha mente!".

253

Vão, entreguem-se, relaxem, larguem-se totalmente nessa comunhão.

E quem está com o emocional ruim, sentindo-se magoada e tumultuada, enfim, em desequilíbrio, fale:

– "O 'Poder de Deus em Mim' é alegria e amor".

E esqueçam tudo o que aconteceu, apagando todas as aflições.

– "O 'Poder de Deus em Mim' que eu estou ativando é de alegria e de amor."

Para quem está em dúvida, o "Poder de Deus em Mim" é direção, inteligência, resposta.

Dessa forma, vocês podem ir adequando o "Poder de Deus em Mim" para tudo aquilo que as possa estar incomodando. Chamem a atenção desse Poder para tudo o que ocorre nas suas vidas.

Se têm um problema financeiro, lembrem-se de que vocês têm, em contrapartida, o "Poder de Deus em Mim" para chamar a solução, a riqueza e a prosperidade.

Se há alguma coisa que vocês esperam ansiosamente, ativem o "Poder de Deus em Mim", e tudo funcionará perfeitamente em suas vidas. Vocês poderão descansar sem ansiedade. Afinal, quem crê que tem o "Poder de Deus em Mim" não pode ser ansiosa, pois a ansiedade é sintoma de quem em nada acredita, de quem não tem fé.

Descansem, então, na certeza de que esse Poder tudo pode transformar. É por Ele que vocês estão vivas, e quem cria a vida não desampara.

"O 'Poder de Deus em Mim' é a base de tudo.

O 'Poder de Deus em Mim' é saúde.

O 'Poder de Deus em Mim' é progresso.

O 'Poder de Deus em Mim' é a Luz da inteligência."

Continuando o nosso trabalho, agora vocês vão se tornar uma grande e luminosa lâmpada.

Trabalhem com esta Luz imensa...

Repitam:

– "O 'Poder de Deus em Mim' limpa o astral, afasta todas as entidades ruins e todas as energias negativas que me cercam. O 'Poder de Deus em Mim' afasta todas as forças negativas do astral inferior. O 'Poder de Deus em Mim' me protege de todo o mal".

Repitam com firmeza, pois eu quero que com isso vocês desprendam tudo o que está grudado nos seus corpos físico, emocional e astral. Eu quero quebrar as ligações magnéticas que estão presas a vocês.

Façam essa prece, porque o "Poder de Deus em Mim" consegue limpar tudo o que existe de negativo no astral que as rodeia. Afinal, quando as "coisas ruins" vão se encostando, seja por qualquer motivo, a vida se transforma num verdadeiro inferno. Vocês podem até pensar que estão doentes, mas não é doença, não. É tudo "coisa ruim" do astral. Assim, o exercício de purificação elimina todas essas interferências, protege-as de todo o mal que pode acompanhá-las.

Mas não se esqueçam, todavia, de que o Poder de Deus irradia de vocês. Se sentirem arrepios, não se assustem, pois é o Poder agindo, irradiando e limpando. Se sentirem uma energia estranha, não se preocupem, pois é o Poder limpando, tirando para fora alguma coisa que vocês nem sabiam que tinham. É o "encosto" saindo... manda subir, manda embora, manda de volta para onde veio, pois nada disso é de vocês:

– "Sai de mim, porque eu sou a paz. É o 'Poder de Deus em Mim' que está me limpando, afastando o mal que queria se apoderar de mim".

Assim, fiquem sossegadas dentro do Poder, porque quando ele é ativado no Bem, tudo começa a trabalhar para esse mesmo Bem.

MENTALIZAÇÃO PARA
RECUPERAÇÃO
ENERGÉTICA

"Vamos para o mar sentarmos na praia, num lugar calmo e bonito.

Talvez ali você se sinta mais perto da Verdade da Vida, mais perto da beleza do mundo, e muito mais perto de si mesma.

Cercada de muita paz e de muito romantismo...

São momentos lindos que você já assistiu um dia, com um pôr do sol maravilhoso e grandioso, que ficaram estampados na sua memória e na sua alma.

Que tal acompanhar essa mentalização com uma boa música de fundo?

Então, eu gostaria que por alguns instantes você recuperasse aqueles momentos e se sentisse vivendo-os novamente.

Agora.

Certamente naqueles momentos inesquecíveis você sentiu alguma coisa a mais e a sua alma se soltou, ficou livre. Foi como se você tivesse podido enxergar os mistérios da vida, escondidos por trás das ondas do mar.

Você sentiu o gosto da sabedoria sem estar realmente sabendo de nada. Ali parada, olhando ou sendo olhada por uma força maior, como se o Sol, emancipado, a buscasse, a cobrisse, a investigasse. Você ali, largada no frescor do momento, sentindo a brisa acariciando-a. Seguindo apenas um fio de pensamento, numa divagação dormente.

Havia ali um barulho de tudo, mas que não 'barulhava', não incomodava. Era um silêncio enfim, porque tudo se encaixava perfeitamente.

E o seu Ser, no fundo, perguntava as perguntas sem respostas e as questões do entendimento, na procura de curar o seu tormento, e encontrar algo que você sabia que existia, mas que parecia estar escondido."

Pois é, dentro de nós há tanta coisa que nem sabemos, de tão escondida que está. Há coisas que parecem ter que chegar e nunca chegam, coisas que têm que acontecer e nunca acontecem, ou até fatos que desejamos que se realizem e jamais se concretizam.

Por outro lado, parece que por trás de todo o drama tem algo, tem uma certeza, tem uma força estranha, falando de outras coisas, que o nosso juízo iludido não consegue ou não quer ouvir.

Há um mistério por trás de tudo que nos toca neste instante, seja pelo calor do Sol no nosso rosto, seja pela brisa que carrega sobre nós as espumas frias do mar e que salga a nossa boca, seja também por um sopro de vento que enche nossos olhos de areia.

E ficamos com o pensamento mergulhado no horizonte, vez por outra com o olhar dirigido à imensidão da água que só quer nos refrescar, tudo revelando uma magia, o mistério da natureza.

Mas tudo é mistério mesmo, e que assim seja...

Nada é preciso ser revelado, porque talvez a revelação fizesse perder o seu sabor. É melhor ficarmos na procura do que termos achado; há mais motivação na ação do que no parado.

E se a vida não tiver nenhum sentido, hein? Você já pensou nisso? E se a vida não estiver indo para lugar nenhum?

É melhor assim, sem sabermos de todas as Verdades, sem desvendarmos todos os mistérios.

É bom estarmos vivendo só para viver, vendo as coisas acontecerem, sentindo e participando, sem muitas intenções e sem muitas interrogações.

Isso se chama paz! Paz no coração.

A mente, quando trabalha na Paz, na poesia de um recanto à beira-mar, acaba com aquela alma fria e esquenta o coração.

É Deus ativo, na palavra e na oração. Porque a verdadeira poesia é Deus e é o Verbo, e Deus é o Verbo e a Criação.

Então, neste instante, abra o seu peito, com o seu romance secreto, com os segredos da vida. Desperte do seu peito aquela pessoa sem jeito, que acaba dando um jeito em tudo, na calmaria.

Seja a paz, o ar, a poesia, o Poder Divino, na comunhão com a vida.

Mergulhe na onda que a abençoa e gera sua purificação. Deixe que essa onda leve também o seu passado e tudo o que foi por você vivido.

Para o amanhã, traga apenas o novo e o desconhecido, verdadeiros amigos, para uma nova união.

"Tudo é sempre **renovação**,
como um mar
que não pára de se mexer
e tudo movimenta.
Nós também somos
movimento na criação,
somos vida
que pulsa e respira,

somos vida
que bate e oscila,
vida para dentro,
vida para fora,
vida que é eterna
e não tem hora.
Somos constante
Movimento divino."

É isso o que somos, constante Movimento divino. Esse mistério é o divino.

Relaxe, então, nesse mistério.

Não pergunte o que não é desvendável, apenas mergulhe nele e deixe-se por ele ser mergulhada.

Assim, sem agir, parada, desperte em si mesma o Grande Fazedor, o Deus Fazedor do milagre e do impossível.

É somente quando paramos que Deus age em nós, Desperto pela nossa convicção.

Quando estamos certos, muito certos, nós nos aquietamos e Deus age em nós.

Paz na fronte, paz que leva o peso, o sono e o desejo.

Paz que perdoa, que não condena, porque quem condena é vítima de sua própria condenação. É a nossa pretensão que nos culpa, porque toda culpa é pretensão, é autoflagelação.

Não se culpe e de ninguém seja juiz.

Paz e Bem para todos nós. No "Poder de Deus em Mim" somos Paz e no Bem com todos, somos a harmonia e a compaixão.

EVOLUÇÃO E TRANSFORMAÇÃO PESSOAL

Todo ser vivente, provido de alma e de consciência, encarnado e desencarnado, procura no decorrer de suas vidas – digo "vidas" pelos nossos ciclos reencarnatórios – a transformação maior, para se tornar uma pessoa mais equilibrada e até mais próxima da perfeição, principalmente no sentido espiritual.

Todavia, essa transformação depende do grau de evolução de cada um, ou seja, do seu momento de vida.

> "Evoluir é
> **percorrer o caminho**
> que nos dá a **consciência**,
> tanto do **equilíbrio**
> emocional e espiritual,
> quanto do distanciamento
> dos nossos desejos
> mais imediatos e primitivos."

Mas eu quero que vocês compreendam, então, um grande problema que cerca a todos, que está "no ar" que vocês respiram e quase sempre impede o seu processo evolutivo. É o problema do "faz, faz, faz...", é o problema do "tudo querer fazer", do "tudo querer controlar".

Todos têm a ilusão de que são capazes de fazer de tudo, que tudo dá certo, e que tudo pode ser controlado, principalmente pelo mental.

Eu compreendo que vocês têm de se agitar, têm e devem acionar todas as forças invisíveis que conhecem, e têm também de providenciar muita coisa na vida. Eu sei ainda que há uma disciplina de vida que necessita ser observada com muita atenção, senão tudo vira de cabeça para baixo.

Em todas as atividades da vida têm uma Verdade, uma exigência, é claro!

Mas têm também uma doença, que vocês todas conhecem, que é o exagero. Tudo vocês querem controlar, não? Principalmente suas vidas e as vidas de todos os outros...

E onde vocês querem controlar? Onde? Eu pergunto. É claro que vocês todas sabem a resposta: é na mente, não?

Vocês querem se controlar o dia todo, controlar o que vão falar, o que vão fazer, como vão agir, como têm que pensar e sentir. O dia todo vocês estão "em cima da marcação".

E então é aquela "cantiga do quê, qué, qué", é aquela amolação que tanto as atormenta.

É um tal de "tem que ter dinheiro", "tem que ter sucesso", "tem que cuidar disso e daquilo", "tem que falar direito", "quero as coisas assim e assado", enfim, é uma pressão absurda sobre si mesmas.

O que vocês não sabem é que quanto maior a pressão, mais vocês vão fracassar e se tornarão impotentes. Minha gente, a pressão leva todo mundo à falência emocional e tudo passa a dar errado na vida.

Tudo errado!

Mas eu vou explicar uma coisa importante: atrás de toda essa exigência, de todo esse "qué, qué, qué", de todo esse "tem, tem, tem", há uma velha ideia, comum a todos. É a falsa ideia de que "se eu não fizer, ninguém fará por mim". Pois é, cultivando essa ideia, vocês já "botaram" Deus de lado, já esqueceram da sua própria força espiritual, como também das forças invisíveis.

Vocês se sentem tão poderosas e capazes de fazer tudo sozinhas, não?

Algumas de vocês podem estar pensando agora:

– "Não, mas a minha parte eu tenho que fazer...".

Olha, minha gente, não sejam pretensiosas. Qualquer "parte" depende das forças da vida, das forças que vocês estão cansadas de conhecer. Quando vocês vão contra essas forças, querendo exercer o controle, as saídas ficam muito estreitas e apertadas, as portas da evolução e da consequente transformação se fecham.

E, então, quem insiste em fechar essas portas que preste muita atenção no que eu estou explicando, compreenda essas "coisinhas" e esses segredinhos que vou soltando. Eu sei que para quem relaxa, sossega e muda, as portas são novamente abertas.

O maior dos segredos é fazer um trabalho de limpeza no mental e no emocional que estão muito bloqueados por falsas ideias. A limpeza e o desbloqueio ajudam muito na circulação e na atuação das forças que processam as mudanças e trazem o sucesso.

Eu sei que ninguém está agindo por mal, ficando estacionado nessa forma de pensamento e atuação; eu não estou culpando ninguém. Estou querendo despertar quem está preparada, para que essa pessoa possa perceber que na vida existe muita facilidade. Não é crítica, não!

266

E acredito também que todas vocês fazem o melhor de si e não merecem crítica nenhuma, façam o que façam, acreditem no que acreditem. Afinal, cada uma faz o melhor que sabe, cada uma tem o seu momento, cada uma tem um grau de evolução compatível com o seu conhecimento.

"A **ignorância** existe,
mas felizmente
a **inteligência** também
faz parte integrante
de muitos e muitos de nós.
Todos nós somos
um tanto ignorantes
e um tanto inteligentes.
**Somos
um pouco de cada**."

Mas vocês fortalecem a ignorância quando se "entopem" de preocupações, de comandos, de vigilância e de cobranças. Deixam assim, de ser espontâneas.

Façam um teste analisando suas atuações. Vocês vão concluir que por mais que façam, acharão que o que foi feito nunca está bom e que sempre falta alguma coisa para melhorar. Sempre há "um mais" a ser feito. Tanta crítica lhes tira todo o prazer, todo o sossego e, principalmente, nunca admite um merecido reconhecimento.

Todos nós precisamos de carinho, minha gente. Principalmente do nosso próprio carinho.

Precisamos de reconhecimento. E vocês são incapazes deste ato de compaixão para consigo mesmas. Sacrificam-se tanto e ainda acham que é pouco, que nada fizeram de certo.

E pior, não entendem por que a vida pára, não compreendem por que o prazer se afasta... qualquer prazer.

Bem, resta um prazer, não? Comer! Comer e engordar. Engordar e se odiar...

Minha gente, vocês têm que parar de "pegar no seu pé" com tanta intensidade, sem respeito nenhum por si mesmas.

Menos, gente... menos...

Menos, porque sua vida emocional chegou no limite do suportável, e está uma porcaria só...

Menos, por que vocês já estragaram muita coisa...

Menos...

Sejam mais espontâneas, menos programadas, menos exigentes, menos críticas. Entendam que façam o que façam, é o melhor que sai de vocês. Se puderem melhorar, tudo bem, mas sem julgamentos nem condenações. Deixem a cabeça de lado, aproveitem para enfeitá-la um pouco, mas não deixem que ela as comande.

O fazer não é uma tortura, não é uma escravidão. O fazer é muito fácil. É só chegar aonde quer que seja e fazer a tarefa que for, sem pensar em nada, sem mais nem menos.

Fazer tudo com liberdade, sem nenhuma obrigação. Fazer tudo com o Bem que está dentro de vocês – talvez adormecido – para que a vida abra as portas do sucesso e tudo possa dar certo.

Resgatem o prazer de viver, pois, sem prazer, para que serve a vida?

Muitas das coisas erradas e fechadas nas nossas vidas, acontecem pela nossa própria atitude, pelo nosso "qué, qué, qué". Quanto mais "qué", mais o "cano de entrada" de energias vitais entope, e não permite a entrada de mais nada de bom na nossa vida.

Então, o nosso exercício é o "largar", que vocês já conhecem bem, não?

Quem muito prende, muito sofre.

Já repararam o quanto vocês sofrem por suas escolhas próprias e conscientes? Pela ansiedade e aflição que o "muito querer tudo" cria?

É muita inquietação, é muito corre-corre atrás do inalcançável.

Tudo o que vocês fazem por meio do "qué, qué, qué" parece uma avalanche. Quando acaba um "qué", rapidinho vem outro, e mais outro e mais outro. É sempre um "qué" tomando lugar do outro.

Aprendam agora a fazer as coisas na paz, aprendam a conter a ansiedade de esperas impossíveis, aprendam a ser felizes, por favor.

Vão calmamente de degrau em degrau, um de cada vez, saboreando e entendendo a realidade das coisas. Vão chegando devagar. A cada degrau conquistado, deem uma parada e, por um instante, permitam-se experimentar o que lhes foi oferecido pela vida. Sintam com a alma, não racionalizem muito, criem poesia, criem música, criem alegria.

Abandonem o eterno "fazer" que traz junto com ele o tormento do "fazer certo" e o medo constante do erro. Esse verbo fazer, no mental, é um tormento danado de ruim. Fazer é um prazer, não uma tortura.

O melhor, minha gente, é vocês pararem de muito querer. Não queiram mais querer...

Pensem comigo:

– "Eu não quero querer, porque eu sofro muito quando quero. Vou me dar uma folga, umas férias de mim mesma. Pelo menos por um mês não vou querer nada."

Vamos lá, coloquem-se em férias, permitam-se essa libertação e esse prazer.

– "Eu vou me deixar de férias, parar de carregar todo mundo, largar esse serviço muito "besta" em que me coloquei. Estou me aposentando da minha família e não quero mais nada de ninguém, nada mesmo. Não quero nem melhorar, não quero nada da vida nem mesmo dinheiro, nada mesmo. Estou em férias, pelo menos por um mês. Se me vier alguma coisa de bom, está bom, mas se nada vier, pouco importa, porque eu estou de férias de tudo, estou de férias do tanto querer."

Recuperem-se assim por um tempo, deem sossego para o seu sistema metabólico, pois ele está todo desgastado, não? Aproveitem a ocasião que os médicos daqui vão ajudando-as neste momento de relaxamento.

Saibam o que os médicos daqui me dizem sempre: "O povo lá é muito bom, mas vive se desgastando por nada, a cabeça deles não tem juízo, não tem educação, eles vão atrás de tudo o que pensam. Ninguém nunca pára para dar um basta, nunca põe o pé no freio da ansiedade. Está todo mundo perturbado".

Parem, por favor, e deem um sorriso, apenas um sorriso. Entendam que nada do que vocês querem com tanta ansiedade vai dar certo. Vocês já perderam e pronto. Comecem uma vida nova. Aproveitem essas férias e daqui a um mês, repensem.

Se for para vocês sofrerem nesse "qué, qué, qué" que não leva a nada, é melhor então nem querer. Por enquanto, larguem... depois, pensem em alguma atitude melhor para suas vidas.

Deixem passar, deixem tudo para trás. Vocês já sofreram tanto, não é? E sobreviveram, pois nada fez falta. E pior ainda, vocês não sabem aproveitar do tanto que têm.

Revejam o que já conseguiram, aproveitem mesmo. Depois, quem sabe, vocês possam ganhar coisas novas, e com uma outra cabeça, mais equilibrada, saibam aproveitar melhor.

De que adianta a vida melhorar? Vocês não têm cabeça para aproveitar o que lhes é dado. Vocês nem bem ganham alguma coisa, deixam-na de lado e correm atrás de outras bobagens.

Vivam a vida com paz, através do mais íntimo querer da sua alma, e nunca com o querer da sua cabeça. A paz interior é construída pela nossa compreensão e educação. Na Paz tudo dá certo, simplesmente porque as nossas energias se tornam boas e leves.

E na Paz não tem esse "entupimento", não tem portas fechadas.

A vida é para ser entendida, sentida e saboreada.

"Nós precisamos

ser sempre

jovens espiritualmente

para podermos chegar

a um lugar mais aprazível.

A evolução e a **transformação pessoal** só **é possível** quando a nossa mente está limpa, descomprometida e desimpedida."

Os problemas somos nós que os criamos, até por inocência, quando somos automaticamente deixados empurrar por ideias e valores quase sempre desnecessários, sem que paremos para analisá-los.

Mas cada vida é uma vida, e cada momento é um momento. E eu vou dizer outra vez uma verdade que vocês já sabem: "A sua vida não vai para onde você quer, pode desistir...".

E isso não quer dizer que sua vida vai ser ruim ou cheia de empecilhos. Ela apenas não vai para onde vocês querem empurrá-la. Não vai, não!

E vocês são espertas o suficiente para entender que até hoje ela não foi, não é? Por mais que vocês tenham "forçado a barra", por mais que tenham planejado, tudo aconteceu de forma diferente.

A vida não vai para onde a gente quer. Podem desistir.

Na verdade, vocês não estão nem segurando nem controlando nada, porque ninguém tem esse poder diante da vida. Quem insiste nessa ilusão fica apenas tenso e decepcionado com os seus rumos.

Compreendam, então, que a vida é imensamente maior que a nossa vontade. Aceitem que vocês não têm o controle dela, e que vieram aqui apenas a passeio, com um grande roteiro em aberto.

Portanto, deixem os mistérios e os fatos irem se mostrando e aproveitem com muita alegria. Tudo é novidade e tudo é muito bom quando o coração está aberto para as surpresas preparadas pelo Poder Maior.

"Evoluir
é **compreender**
e **aceitar**
os nossos limites,
confiando
sempre **na Vida**."

"Estamos aqui porque somos livres, para viver a verdade do nosso coração."

CONHEÇA OS
GRANDES SUCESSOS DE

GASPARETTO

E MUDE

SUA MANEIRA DE

PENSAR

CO
CALU

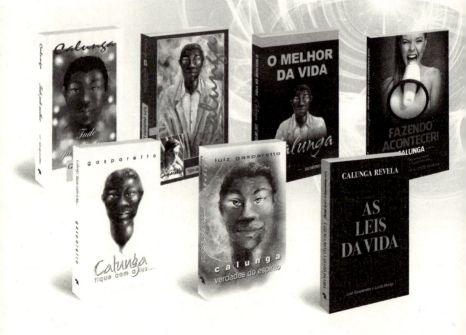

LEÇÃO NGA

Nosso amigo Calunga presenteia-nos com uma cativante coleção de livros e mostra, por meio de sua maneira carinhosa, sábia e simples de abordar a vida, verdades profundas, que tocam nosso espírito, possibilitando uma transformação positiva de nossas realidades.

Saiba mais
www.gasparettoplay.com.br

Livros que ensinam você a viver com os recursos de sua fonte interior

Afirme e faça acontecer | Atitude | Conserto para uma alma só | Cure sua mente agora! | Faça dar certo | Gasparetto responde!

O corpo – Seu bicho inteligente | Para viver sem sofrer | Prosperidade profissional | Revelação da luz e das sombras | Se ligue em você | Segredos da prosperidade

Coleção Amplitude

Você está onde se põe | Você é seu carro | A vida lhe trata como você se trata | A coragem de se ver

A vida oferece possibilidades infinitas. Explorar-se é ampliar--se. Uma coleção de livros que ensina o leitor a conquistar o seu espaço e a viver além de seus limites.

Coleção Metafísica da Saúde

Sistemas respiratório e digestivo | Sistemas circulatório, urinário e reprodutor | Sistemas endócrino e muscular | Sistema nervoso | Sistemas ósseo e articular

Luiz Gasparetto e Valcapelli explicam, de forma direta e clara, como funciona o corpo humano e mostram que as dificuldades e o desencadeamento de doenças são sinais de que a pessoa não está fazendo uso adequado de seus poderes naturais.

Livros infantis

A vaidade da Lolita | Se ligue em você | Se ligue em você 2 | Se ligue em você 3

O universo infantil apresentado de forma simples e atraente para a criançada. Nos livros do Tio Gaspa, os pequenos aprendem a lidar com várias situações e diversos sentimentos, como alegria, medo, frustração e orgulho, e entendem a importância da autoestima e da autoaceitação na vida.

Saiba mais
www.gasparettoplay.com.br

GRANDES SUCESSOS DE
ZIBIA GASPARETTO

Com 19 milhões de títulos vendidos, a autora
tem contribuído para o fortalecimento da literatura
espiritualista no mercado editorial e para a popularização da
espiritualidade. Conheça os sucessos da escritora.

Romances
pelo espírito Lucius

A força da vida

A verdade de cada um

A vida sabe o que faz

Ela confiou na vida

Entre o amor e a guerra

Esmeralda

Espinhos do tempo

Laços eternos

Nada é por acaso

Ninguém é de ninguém

O advogado de Deus

O amanhã a Deus pertence

O amor venceu

O encontro inesperado

O fio do destino

O poder da escolha

O matuto

O morro das ilusões

Onde está Teresa?

Pelas portas do coração

Quando a vida escolhe

Quando chega a hora

Quando é preciso voltar

Se abrindo pra vida

Sem medo de viver

Só o amor consegue

Somos todos inocentes

Tudo tem seu preço

Tudo valeu a pena

Um amor de verdade

Vencendo o passado

Crônicas

A hora é agora!
Bate-papo com o Além
Contos do dia a dia
Conversando Contigo!
Pare de sofrer
Pedaços do cotidiano
O mundo em que eu vivo
Voltas que a vida dá
Você sempre ganha!

Coletânea

Eu comigo!
Recados de Zibia Gasparetto
Reflexões diárias

Desenvolvimento pessoal

Em busca de respostas
Grandes frases
O poder da vida
Vá em frente!

Fatos e estudos

Eles continuam entre nós vol. 1
Eles continuam entre nós vol. 2

Sucessos
Editora Vida & Consciência

Amadeu Ribeiro

A herança
A visita da verdade
Juntos na eternidade
Laços de amor
Mãe além da vida
O amor não tem limites
O amor nunca diz adeus

O preço da conquista
Reencontros
Segredos que a vida oculta vol.1
A beleza e seus mistérios vol.2
Amores escondidos vol. 3
Seguindo em frente vol. 4

Amarilis de Oliveira

Além da razão (pelo espírito Maria Amélia)
Do outro lado da porta (pelo espírito Elizabeth)
Nem tudo que reluz é ouro (pelo espírito Carlos Augusto dos Anjos)
Nunca é pra sempre (pelo espírito Carlos Alberto Guerreiro)

Ana Cristina Vargas
pelos espíritos Layla e José Antônio

A morte é uma farsa
Almas de aço
Código vermelho
Em busca de uma nova vida
Em tempos de liberdade
Encontrando a paz
Escravo da ilusão

Ídolos de barro
Intensa como o mar
Loucuras da alma
O bispo
O quarto crescente
Sinfonia da alma

Carlos Torres

A mão amiga
Passageiros da eternidade
Querido Joseph (pelos espírito Jon)
Uma razão para viver

Cristina Cimminiello

A voz do coração (pelo espírito Lauro)
Além da espera (pelo espírito Lauro)
As joias de Rovena (pelo espírito Amira)
O segredo do anjo de pedra (pelo espírito Amadeu)

Eduardo França

A escolha
A força do perdão
Do fundo do coração
Enfim, a felicidade
Um canto de liberdade
Vestindo a verdade
Vidas entrelaçadas

Floriano Serra

A grande mudança
A menina do lago
A outra face
Amar é para sempre
Almas gêmeas
Ninguém tira o que é seu
Nunca é tarde
O mistério do reencontro
Quando menos se espera...

Gilvanize Balbino

De volta pra vida (pelo espírito Saul)
Horizonte das cotovias (pelo espírito Ferdinando)
O homem que viveu demais (pelo espírito Pedro)
O símbolo da vida (pelos espíritos Ferdinando e Bernard)
Salmos de redenção (pelo espírito Ferdinando)

Jeaney Calabria

Uma nova chance (pelo espírito Benedito)

Juliano Fagundes
Nos bastidores da alma (pelo espírito Célia)
O símbolo da felicidade (pelo espírito Aires)

Lucimara Gallicia
pelo espírito Moacyr

Ao encontro do destino
Sem medo do amanhã

Márcio Fiorillo
pelo espírito Madalena

Lições do coração
Nas esquinas da vida

Maurício de Castro
Caminhos cruzados (pelo espírito Hermes)
O jogo da vida (pelo espírito Saulo)

Meire Campezzi Marques
pelo espírito Thomas

A felicidade é uma escolha
Cada um é o que é
Na vida ninguém perde
Uma promessa além da vida

Priscila Toratti
Despertei por você

Rose Elizabeth Mello
Como esquecer
Desafiando o destino
Livres para recomeçar
Os amores de uma vida
Verdadeiros Laços

Sâmada Hesse
pelo espírito Margot
Revelando o passado

Sérgio Chimatti
pelo espírito Anele
Lado a lado
Os protegidos
Um amor de quatro patas

Stephane Loureiro
Resgate de outras vidas

Thiago Trindade
pelo espírito Joaquim
As portas do tempo
Com os olhos da alma

Conheça mais sobre espiritualidade com outros sucessos.

vidaeconsciencia.com.br /vidaeconsciencia @vidaeconsciencia

Rua das Oiticicas, 75 — SP
55 11 2613-4777

contato@vidaeconsciencia.com.br
www.vidaeconsciencia.com.br